U0648771

绿色发展与新质生产力丛书

“双碳”目标下建筑业全要素生产率研究

王婉郦 著

东北财经大学出版社
Dongbei University of Finance & Economics Press
大连

图书在版编目（CIP）数据

“双碳”目标下建筑业全要素生产率研究 / 王婉郦著. —大连：东北财经大学出版社，2025.1. —（绿色发展与新质生产力丛书）. —ISBN 978-7-5654-5458-5

Ⅰ. F426.9

中国国家版本馆CIP数据核字第20249M3G80号

东北财经大学出版社出版发行

大连市黑石礁尖山街217号　邮政编码　116025

网　　址：http://www.dufep.cn

读者信箱：dufep@dufe.edu.cn

大连图腾彩色印刷有限公司印刷

幅面尺寸：185mm×260mm　字数：191千字　印张：13.25

2025年1月第1版　　2025年1月第1次印刷

责任编辑：李　季　吉　扬　　责任校对：一　心

封面设计：原　皓　　版式设计：原　皓

定价：69.00元

教学支持　售后服务　联系电话：（0411）84710309

版权所有　侵权必究　举报电话：（0411）84710523

如有印装质量问题，请联系营销部：（0411）84710711

前言

全要素生产率不仅是维持经济稳定增长的重要因素，也是提升新质生产力的核心标志。在中国经济的高速发展时期，全要素生产率的持续增长是中国经济增长的重要组成要素。在中国经济的高质量发展时期，全要素生产率大幅度提升是实现高质量发展的核心要义。建筑业作为国民经济的重要支柱产业，在带动相关产业高质量发展、推动经济社会可持续发展中发挥着不可替代的重要作用，建筑业全要素生产率大幅度提升对于实现中国式现代化高质量发展具有重要意义。

从世界来看，建筑物的运行消耗了全球最终能源的1/3；从中国来看，全国建筑全过程碳排放总量占全国能源相关碳排放总量接近一半。因此，本书以“双碳”目标为背景，基于对中国和经济合作与发展组织（OECD）各国建筑业总体情况分析，从宏观视角探究国家建筑业绿色全要素生产率变动，并从数字化转型，环境、社会和公司治理（ESG）表现等微观视角研究建筑企业全要素生产率以及绿色全要素生产率变动、影响机制及其提升路径。

本书得出了如下主要结论：其一，中国建筑业绿色全要素生产率与OECD国家相比存在差距，亟待进一步提升。其二，单一要素优化并不能成为提升建筑业全要素生产率的必要条件，多种因素的相互作用和协同效应对于建筑业全要素生产率显著提升至关重要；同时，推动建筑业高质量发展的关键驱动因素因情况而异，呈现出不同的优化和升级途径。提升建筑企业全要素生产率主要依靠六大要素：技术创新、技术基础设施、人力资本、税收优惠、竞争优势、融资优化。其中，技术创新和竞争优势是在最重要的驱动因素。其三，数字化转型对全要素生产率具有显著的正向作用，尤其是在属于国有性质、处于成熟期以及位于数字金融高水平地区的企业中，数字化转型对全要素生产率的促进作用更为显著；通过进一步机制检验可知，数字化可以通过创新绩效数量提高全要素生产率，而创新绩效质量的中介作用未得到验证。其四，建筑企业ESG表现良好能够促进全要素生产率提升，并且通过降低企业融资约束来提高全要素生产率；进一步异质性检验结果表明，建筑企业处于成长期，ESG表现良好对全要素生产率的促进作用更明显。其五，建筑企业ESG表现良好可以提高企业绿色全要素生产率；进一步机制分析结果表明，降低成本费用率和优化人力资本结构会正向促进ESG表现对全要素生产率的影响；更进一步研究表明，在ESG的三个细分维度中，公司治理维度可以显著提升企业绿色全要素生产率。

本书作者在执笔过程中得到了博士后合作导师刘亚臣教授的指导，并得到了研究生于文静、王林茹、李小亚、李雨擎、张杉杉、郭桐彤、柳思伟、梁一明、梁玉婷、潘悦、曾嘉欣、陈家乐、贾炳春等的支持和帮助，也得到了沈阳建筑大学土木工程博士后流动站的资助，在此深表谢意。

由于作者的理论素养和研究水平有限，如有疏漏或不妥之处，敬请读者批评指正。

王婉郦

2024年11月

目录

1 绪论

建筑作为人类文明的重要组成部分，从古至今乃至未来，始终伴随着人类的进步与发展。作为国民经济的重要支柱产业，建筑业具有关联度高、带动性强、辐射面广等特征，在带动相关产业高质量发展、推动经济社会可持续发展中发挥着不可替代的重要作用。

1.1 研究背景与意义

1.1.1 研究背景

2021年1月25日，国家主席习近平在世界经济论坛“达沃斯议程”对话上特别致辞：“我已经宣布，中国力争于2030年前二氧化碳排放达到峰值、2060年前实现碳中和。实现这个目标，中国需要付出极其艰巨的努力。我们认为，只要是对全人类有益的事情，中国就应该义不容辞地做，并且做好。中国正在制定行动方案并已开始采取具体措施，确保实现既定目标。中国这么做，是在用实际行动践行多边主义，为保护我们的共同家园、实现人类可持续发展作出贡献。”①

2024年7月18日，中国共产党第二十届中央委员会第三次全体会议通过了《中共中央关于进一步全面深化改革、推进中国式现代化的决定》（以下简称《决定（讨论稿）》）。习近平就《决定（讨论稿）》向全会作了说明，其中，指出要按照党中央关于经济工作的决策部署，落实好宏观政策，积极扩大国内需求，因地制宜

① 习近平．实现“双碳”目标，不是别人让我们做，而是我们自己必须要做［EB/OL］．（2022-05-23）［2024-11-13］．https：//baijiahao.baidu.com/s? id=1733621872204589080&wfr=spider&for=pc.

发展新质生产力，加快培育外贸新动能，扎实推进绿色低碳发展，切实保障和改善民生，巩固拓展脱贫攻坚成果。[①]该《决定（讨论稿）》强调了“因地制宜发展新质生产力，扎实推进绿色低碳发展”，为进一步全面深化改革、推进中国式现代化指明了方向。

中共中央政治局2024年1月31日下午就扎实推进高质量发展进行第十一次集体学习，中共中央总书记习近平在主持学习时强调，高质量发展需要新的生产力理论来指导，而新质生产力已经在实践中形成并展示出对高质量发展的强劲推动力、支撑力，需要我们从理论上进行总结、概括，用以指导新的发展实践。概括地说，新质生产力是创新起主导作用，摆脱传统经济增长方式、生产力发展路径，具有高科技、高效能、高质量特征，符合新发展理念的先进生产力质态。它由技术革命性突破、生产要素创新性配置、产业深度转型升级而催生，以劳动者、劳动资料、劳动对象及其优化组合的跃升为基本内涵，以全要素生产率大幅提升为核心标志，特点是创新，关键在质优，本质是先进生产力。[②]其中，强调“新质生产力是以全要素生产率大幅度提升为核心标志”，因此，全要素生产率大幅度提升是实现高质量发展的核心要义。

作为我国国民经济的支柱产业，建筑业自改革开放以来得到快速发展，其产业增加值占国内生产总值的比例从1978年的3.78%波动增加至2022年的6.67%，在服务我国城镇化进程、拉动其他产业发展方面发挥了持续性的重要作用。然而，无论从国内还是全球范围看，建筑业在技术创新速度缓慢、生产效率低下与建筑环境污染等方面历来饱受诟病，特别是我国建筑业生产效率与发达国家相比还有较大差距。党的十八届三中全会以来，提高全要素生产率日益受到政策制定

① 中国共产党第二十届中央委员会．中国共产党第二十届中央委员会第三次全体会议公报［EB/OL］.（2024-07-18）［2024-12-20］．https：//mp.weixin.qq.com/s/EsvN1246_r3o2ST_vNWp5w.

② 习近平．习近平在中共中央政治局第十一次集体学习时强调：加快发展新质生产力 扎实推进高质量发展［EB/OL］.（2024-02-01）［2024-12-20］．https：//www.gov.cn/yaowen/liebiao/202402/content_6929446.htm.

者的关注，多次成为国务院政府工作报告、中央经济工作会议的关键词，党的十九大报告提出，推动经济发展质量变革、效率变革、动力变革，提高全要素生产率。新常态下提高全要素生产率的任务更加紧迫，因此，科学精准测算建筑业全要素生产率，探讨建筑业全要素生产率变动轨迹与特征及其影响因素，对提高建筑业生产活动的投入产出效率以及运营管理效率，推动建筑业在实现供给侧结构性改革、促进经济高质量可持续发展等方面发挥更为有效的作用具有重要的现实背景。

1.1.2 研究意义

建筑业全要素生产率提升，能够实现“双碳”目标可持续。伴随科学技术的飞速发展和地球资源的巨大消耗，大量的温室气体产生，使全球变暖情况越发严重。我国碳排放量在21世纪开始剧增，我国已成为世界上温室气体排放量最大的国家，其中建筑全过程碳排放占比最高。自2020年9月习近平总书记提出我国“双碳”目标以来，国内实现“双碳”目标的相关研究大量涌现。实现“双碳”目标，从根本上必须依靠科学技术创新与高效应用，全要素生产率能够揭示技术的进步、效率的提高以及制度的变迁路径，提高建筑业全要素生产率从本质上可以持续实现“双碳”目标。

建筑全过程碳排放占比最高，亟待提升建筑业全要素生产率。根据国际能源机构（IEA）发布的《全球建筑物跟踪报告》数据，2021年，建筑物的运行消耗了全球最终能源的30%，碳排放则占能源部门总排放量的27%，自2015年签署《巴黎协定》以来，建筑业的二氧化碳排放量已达到顶峰，越来越多的国家采取了可能对未来建筑的排放和能源效率产生影响的政策和法规。2023年12月27日发布的《2023中国建筑与城市基础设施碳排放研究报告》显示，2021年全国房屋建筑全过程碳排放总量为40.7亿tCO_2，占全国能源相关碳排放的比重为38.2%（占比最高），建筑碳排放的减少是实现“双碳”目标的关键所在。建筑业全要素生产率的持续提升是建筑业高质量发展的核心所在。

1.2 国内外研究现状

1.2.1 国家、行业与企业全要素生产率研究

第一，国家层面全要素生产率研究。首先，国内全要素增长率（TFP）增长测算。冉鹏（2022）[①]基于改进生产函数模型和几何微分法对2003—2020年我国建筑业进行实证分析，测算我国建筑业逐年的资本及劳动力产出系数，得出我国建筑业规模不经济，全要素生产率增长较慢，属于典型的外延型经济增长，规模不经济现象仍有待改善，全要素生产率还有很大上升空间的结论。李展和崔雪（2021）[②]考虑到DEA和SFA均无法明确反映出中间投入对TFP的影响，而基于Hulten发现中间投入对行业TFP的提升起到重要作用，解决现有研究中存在的中间投入考虑不足和数据测算有待斟酌的问题，采用国际上广泛运用的KLEMS方法测算我国建筑业全要素生产率在1978—2018年的增长状况，发现我国建筑业TFP在整个时期总体上呈现波动下降趋势，具有明显的阶段性特征，且TFP对我国建筑业总产出和增加值的增长起抑制作用。建筑业总产出的增长主要源自中间投入增长，资本和劳动投入贡献较小，TFP起抑制作用；建筑业增加值的增长主要源自资本和劳动投入增长，两者发挥同等促进作用，TFP同样起抑制作用，且其较强的波动性导致增加值增长率呈现出较大的波动；建筑业TFP在整个时期总体上呈现波动下降趋势，且具有明显的阶段性特征。建筑企业仍需提高技术水平和要素投入使用效率以促进其TFP增长。

其次，国内绿色全要素生产率（GTFP）增长测算。花均南和王岩（2020）[③]采

---

① 冉鹏．基于改进的生产函数法测算建筑业全要素生产率［J］．建筑经济，2022，43（S1）：75-79.

② 李展，崔雪．我国建筑业全要素生产率及其对产出的影响研究［J］．建筑经济，2021，42（8）：15-18.

③ 花均南，王岩．中国建筑业绿色全要素生产率分析——基于30个省份的面板数据［J］．数学的实践与认识，2020，50（13）：297-305.

用基于DEA的Malmquist指数方法，运用DEAP2.1对GTFP进行分解，研究全国及各省份2007—2016年的绿色发展，从全国来看，GTFP变化值呈波动下降趋势，其变化与技术进步趋同；地区之间GTFP存在差异，且西部地区GTFP的变化值大于1，东部和中部地区小于1。李慧等（2021）①采用两阶段网络DEA模型，将建筑业生产过程划分为建造和经济转化两个关键阶段，测算2008—2017年我国30个省份建筑业GTFP，发现研究期内我国建筑业建造阶段生产率、经济转化阶段生产率与整体GTFP均呈现先增长、再小范围波动和下降的趋势；我国6个地区建筑业整体GTFP、建造阶段生产率和经济转化阶段生产率差异化显著，东北地区生产率波动幅度最大，只有北京市建筑业整体GTFP、建造阶段生产率和经济转化阶段生产率达到有效状态，青海省建筑业建造阶段生产率和经济转化阶段生产率达到有效状态；并认为，我国建筑业建造阶段生产率不高是限制我国建筑业整体GTFP进一步提升的主要原因。张松艳和李浩然（2022）②基于2007—2020年中国31个省份的面板数据，运用ML指数测算中国建筑业GTFP，并做指数分解，然后构建空间计量模型对影响因素进行分析。结果表明：中国建筑业绿色全要素生产率总体发展较好，但仍有很大的发展空间；中国建筑业绿色全要素生产率在不同地区、不同时间分布不均；环境规制与经济发展水平，对建筑业绿色全要素生产率存在正的溢出效应，人力资本水平与外商投资存在负的空间溢出效应，但是总效应为正。

最后，国际TFP增长测算。魏晓雪和李冉冉（2022）③从两国对比的视角研究了中美两国固定资本存量，并进行两国全要素生产率测度与比较，采用役龄-效率函数和役龄-价格函数测度2000—2020年中国的生产性资本存量和财富性资本存量，通过Tornqvist指数方法测度中国的资本服务指数，以Malmquist指数测度中美

① 李慧，许浩雷，张金帅，等．基于网络DEA模型的我国建筑业绿色全要素生产率评价研究［J］．建筑经济，2021，42（8）：86-91．

② 张松艳，李浩然．中国省域建筑业绿色全要素生产率的空间效应［J］．建筑经济，2022，43（S2）：37-43．

③ 魏晓雪，李冉冉．中美两国固定资本存量和全要素生产率测度与比较［J］．统计与决策，2022，38（24）：106-110．

两国的全要素生产率。研究发现：中国的固定资产投资总量、建筑投资、设备投资已显著超过美国；美国的固定资本存量高于中国固定资本存量，增长率低于中国固定资本存量增长率；中国和美国的资本服务指数均在2020年表现出降低趋势；中国和美国的全要素生产率均未表现出明显增长。

第二，行业层面全要素生产率研究。戴永安和陈才（2010）[①]基于国外学者的研究，如Blomstrom（1986）、Kokko（1996）等研究发现FDI通过影响全要素生产率、物质资本和人力资本三种渠道产生外溢作用，选取1994—2006年（不含2004年）的建筑业外资企业的相关数据进行面板数据回归，发现FDI对建筑业的外溢作用在我国东、中、西部地区存在明显差别，FDI对全要素生产率的影响在东部地区为负，在中部地区为正且外溢值较高。李倩（2011）[②]利用SBM-DEA模型基于我国2000—2009年的数据评价了建筑业的全要素生产率变化和分解情况，结果发现建筑业全要素生产率呈上升趋势，且主要来源于技术进步，而技术效率呈下降趋势，其中规模效率下降得非常快。因此，有必要提高建筑业的管理水平，改变粗放式的增长模式，提高劳动投入的技术水平等。范建双和虞晓芬（2012）[③]采用随机边界分析方法测算了1997—2009年省际建筑业全要素生产率增长水平，并进行了区域差异化比较；借鉴物理学的耦合度理论，构建建筑业TFP增长与区域经济增长的耦合效应模型，并进行了实证检验。采用灰色关联分析方法遴选出二者耦合效应的主要影响因素，最后对建筑业经济增长方式和阶段进行了研判。研究表明：区域建筑业TFP增长存在较大差异，依据其增长率大小将31个省份划分为负增长、低增长、中增长和高增长四种类型；二者的耦合程度较高而耦合协调度较低；约束建筑业TFP增长的主要因素是地区的GDP水平，判断中

① 戴永安，陈才．FDI对内资建筑企业影响机制的实证分析［J］．经济与管理，2010，24（3）：44-48.

② 李倩．我国建筑业生产率变动和影响因素分析［J］．商业时代，2011（13）：107-108.

③ 范建双，虞晓芬．建筑业全要素生产率增长与区域经济增长的耦合效应分析［J］．经济地理，2012，32（8）：25-30.

国区域建筑业的增长仍属于粗放型增长方式和资本经济阶段。王幼松等（2020）[①]基于区位熵指数法和Fare-Primont DEA方法，分别对我国31个省份2002—2017年的建筑业集聚水平（CIA）和建筑业全要素生产率（TFP）进行测度，并运用两阶段最小二乘法，针对建筑业集聚对TFP的影响进行实证研究。结果表明，中国建筑业集聚特征较为明显，浙江、重庆和江苏的建筑业集聚程度较高；2002—2013年，中国建筑业TFP取得明显提升。建筑业集聚对建筑业TFP产生显著正向影响，高层次建筑业集聚省份表现出高水平建筑业TFP。企业规模和经济发展水平对建筑业TFP产生积极影响，而专业结构的影响是消极的。

第三，企业层面全要素生产率研究。邹心勇、李忠富和王利（2008）[②]采用基于DEA的Malmquist生产率指数对大型建筑承包商全要素生产率进行了评价，发现1996—2001年全要素生产率年度平均增长率为5.9%，2002—2005年达到了7.4%，表明我国的大型建筑承包商群体的发展质量取得了长足的进步；并对我国大型建筑承包商全要素生产率进行了评价，发现技术效率的贡献稍大于技术进步的贡献。凌郁等（2014）[③]采用随机前沿生产函数模型，对我国不同经济类型的建筑企业全要素生产率增长率进行分解和实证测算分析，研究表明，1996—2011年，所有类型的建筑企业均保持全要素生产率的较高增长；技术效率处于原地踏步的状态；技术进步是建筑企业全要素生产率增长的主要动力，技术进步主要依靠固定资产净值增长；内资建筑企业劳动力和资本投入要素运转能力较差，配置效率较低等。曹泽、殷天赐和陈星星（2020）[④]基于2007—2018年长三角区域面板数据，运用DEA-Malmquist指数法测度我国建筑业全要素生产率，并构建空间计量模型进行实证研

---

① 王幼松，苏泊雅，张扬冰，等. 产业集聚对建筑业全要素生产率的影响研究［J］. 建筑经济，2020，41（12）：9-14.

② 邹心勇，李忠富，王利. 中国大型建筑承包商全要素生产率的变迁：1996—2005年实证分析［J］. 系统管理学报，2008（4）：423-427.

③ 凌郁，崔新媛，魏欢，等. 中国不同经济类型建筑企业全要素生产率增长率测算——基于随机前沿生产函数的实证分析［J］. 建筑经济，2014，35（7）：101-105.

④ 曹泽，殷天赐，陈星星. 长三角地区建筑业全要素生产率的空间溢出效应研究［J］. 建筑经济，2020，41（12）：26-30.

究，发现技术创新是推动全要素生产率增长的关键因素，建筑业技术进步指数每提高一个百分点，全要素生产率增长1.26%；人力资本、产业规模、产业结构和开放水平对全要素生产率起正向促进作用；而经济水平的溢出会抑制本区域全要素生产率的增长，对相邻区域则产生促进作用。

1.2.2 基于CiteSpace的国内建筑业全要素生产率研究

建筑业是国家支柱产业，其稳定、高效发展对经济和社会都具有重要意义。建筑业全要素生产率的测量可以动态反映投入和产出的综合效率，反映技术水平、人员素质、管理水平、经济规模等因素对经济增长的影响程度，是世界范围内经济可持续发展的重要度量。目前，国内学者对全要素生产率的研究十分丰富，而对建筑业全要素生产率的研究内容较少，仍处于发展阶段，还有较大研究空间有待进一步扩展。因此，对建筑业全要素生产率研究现状进行分析具有重要意义。下文基于CNKI数据库，运用CiteSpace对我国建筑业全要素生产率的研究现状进行分析，归纳当前领域的研究现状、研究热点和前沿动向，为后续研究奠定基础。

（1）研究方法与数据来源

① 研究方法

本书以CiteSpace为工具，并采用文献计量学和定性分析相结合的方法进行研究。CiteSpace是当前使用较多的一种工具，它可以有效地帮助学者进行分析。该可视化分析软件能够用时间序列的动态图表，刻画出宏观的知识领域结构和将来的发展趋势。本书运用CiteSpace，对我国建筑业全要素生产率主题研究热点和发展趋势展开多维度的分析。以文献的体系与计量学特性为突破口，对其数量关系、分布结构及变动规律进行深入剖析，从而探究该领域的结构特点与发展趋向。

② 数据来源

在搜集国内有关建筑业全要素生产率的文献资料时，为保证数据的科学性和权威性，提高所获取的国内文献数据质量，同时避免国内数据库文献重复，因此将文献来源限定在中国知网数据库。具体操作方式如下：第一，使用“高级检索”的方法进行文献检索，以“主题”作为检索项；第二，以“建筑*全要素生产率”作为检索词，通过组合运算进行“精确检索”；第三，初步检索并剔除与研究主题无关的文献后，最终得到1999—2024年的85篇期刊文献（数据获取时间截至2024年4月23日）；第四，将有效文献导出，使用CiteSpace软件进行分析。

（2）研究现状分析

① 文献数量分析

文献数量从一定程度上反映了该学术领域的发展速度、研究阶段与态势。图1-1为1999—2023年国内文献发表数量年度趋势图。在此期间，文献数量增加幅度较小，处于较稳定的状态。我国关于建筑业全要素生产率的研究最早是在1999年，对我国建材工业经济发展的增长因素和经济增长效率进行了分析。随后在2022年发文量增长至11篇，这表明建筑业全要素生产率研究领域的普及程度逐渐扩大，在此期间学者对该领域的研究愈发深入。2022年，住房城乡建设部印发的《“十四五”建筑业发展规划》提出“到2035年，建筑业发展质量和效益要全面实现大幅度提升”的要求，因此人们越来越关注建筑业的发展，建筑业全要素生产率作为研究热点也受到了学者们的高度关注。

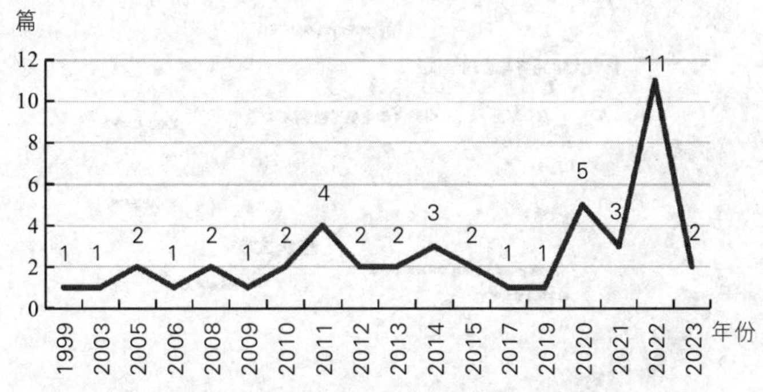

图1-1 1999—2023年国内文献发表数量年度趋势图

资料来源：作者整理。

② 机构合作网络分析

在学术领域中，研究机构间的合作关系与文献贡献能够经由机构网络关系得以展现，这一网络关系不仅揭示了各机构间的交互与联系，也凸显了它们在学术发展上的共同贡献与影响力。本书运用CiteSpace软件，选取机构作为核心节点，进行深入的可视化分析，并据此生成机构间的合作网络图，它直观地展示了各研究机构之间的合作关系与互动模式（如图1-2所示）。在生成的机构合作网络图中，各个节点均代表不同的研究机构。节点的大小与所代表机构的发文量成正比，即发文量越多，圆圈与字体显示得越大。节点之间的连线则象征着机构间的合作关系，连线的复杂程度直接反映了合作关系的紧密程度，连线越多，合作越紧密。观察图谱可知，我国建筑业全要素生产率的研究工作主要集中于全国各大建筑类和管理类高校。这些高校在该领域的研究不仅具有高度的综合性，还呈现出显著的学科交叉性特点。此外，同一所高校的不同学院在该领域均有一定的发文量，这进一步证明了建筑业全要素生产率研究的广泛性和深远意义。从图1-2还可以看出，各大高校之间的联系与合作处于较分散的状态，未来可以在该领域加强联系与合作。从发文量来看，西安建筑科技大学排在首位，数量为7篇；随后是重庆大学，发文量为6篇（见表1-1）。

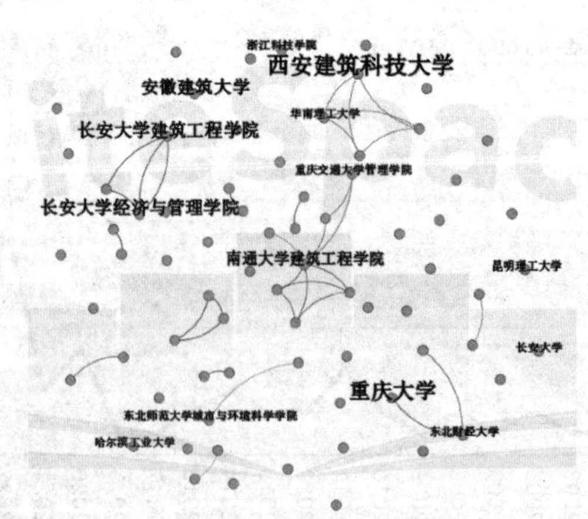

图1-2 机构合作网络图谱

资料来源：源于中国知网数据库并由CiteSpace绘制得出。

表1-1　　研究机构发文情况

序 号	研究机构	发文量（篇）
1	西安建筑科技大学	7
2	重庆大学	6
3	长安大学建筑工程学院	4
4	安徽建筑大学	4
5	长安大学经济与管理学院	4
6	南通大学建筑工程学院	3

资料来源：作者整理。

③ 作者合作网络分析

通过分析作者合作网络图谱（如图1-3所示），可以了解学者在建筑业全要素生产率领域的发文情况，并识别该领域具有显著影响力的学者。借助CiteSpace选择作者为节点进行可视化分析，结果显示，张静晓是该领域发文量最多的学者，共发表了4篇相关论文。根据普莱斯公式，发文3篇及以上即可被认定为该领域的核心作者。其余作者的发文量均在1~2篇，说明目前学者对建筑业的全要素生产率研究较少。图谱中呈现出的学者社团结构清晰显著，其中以张静晓、陈敏、李慧、王幼松四位核心学者为首的学术群体展现出紧密的合作关系。然而，不同学者群体之间的合作与研究内容却显得相对分散，缺乏跨群体的深度交流与合作。造成这一现象的原因可能是学术群体间存在地域性的差异或学术研究的壁垒。为推动学术界的健康发展，今后应加强跨区域、跨领域、跨核心作者间的合作，以促进知识的共享与创新。

（3）研究内容分析

① 研究热点分析

第一，关键词共现。

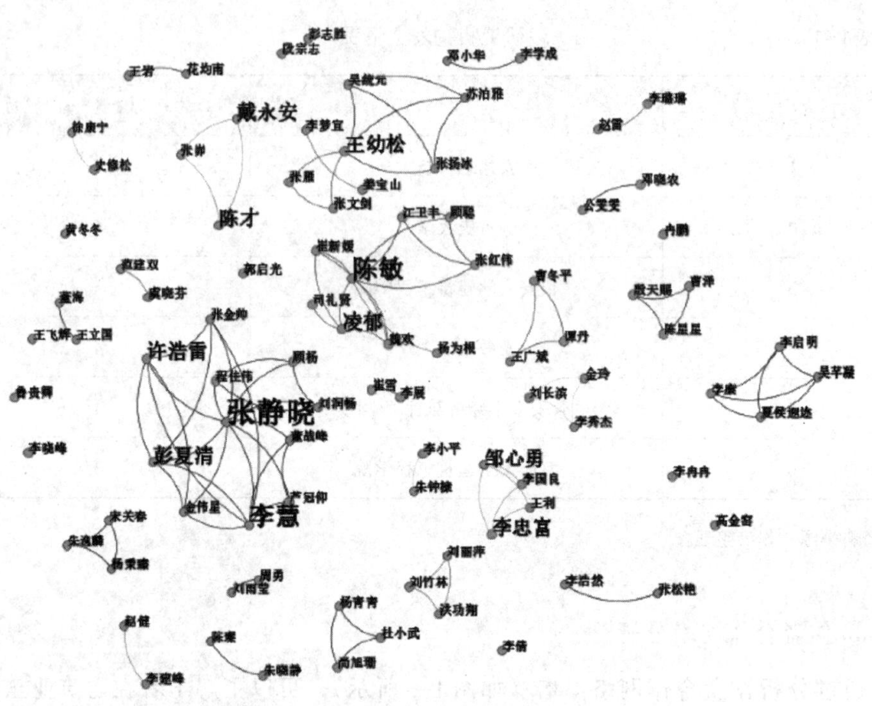

图1-3　作者合作网络图谱

资料来源：源于中国知网数据库并由CiteSpace绘制得出。

关键词作为文献的核心概括，其共现分析对于揭示建筑业全要素生产率研究领域的主题和热点具有重要意义。图谱中各节点代表一个关键词，节点大小反映该关键词在文献中出现的频率，而节点之间的连线则展示了关键词之间关系的紧密程度，连线的粗细与关键词之间的共现次数成正比。本章以“关键词”为节点，用“g-index，k=25”的筛选方式进行分析，其他参数保持默认值，得到了关键词共现网络图。图1-4共包含69个关键词节点（N=69），形成93条网络连线（E=93），网络密度为0.0396。“建筑业”节点圈层最大，说明其在该领域内出现频次最高，具有显著影响力。其他关键词节点圈层相对较小，但也构成了丰富的网络结构，反映出该领域的多元性和深度。关键词之间连线越多，共现次数越多，联系则越紧密。图中连线较多，表明关键词之间联系较为紧密。

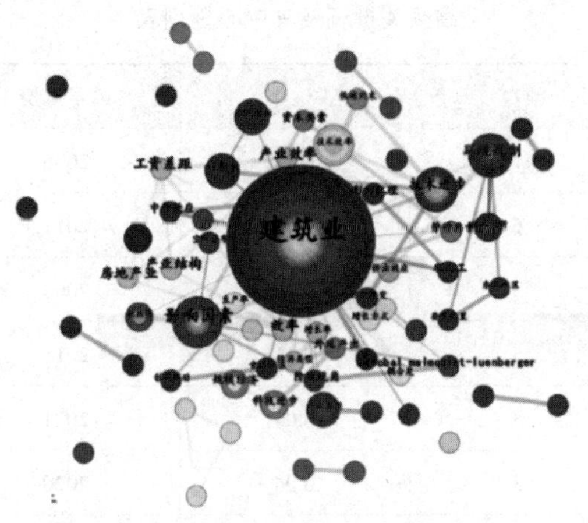

图1-4　关键词共现网络图谱

资料来源：源于中国知网数据库并由CiteSpace绘制得出。

根据绘制的关键词共现网络图，本章对研究的关键词频次和中心性进行了统计，并筛选出中心性与频次在前九位的关键词，详情见表1-2。从表1-2的汇总统计结果可以得知，主要的研究热点关键词为建筑业，出现频次最多（47次），其次是影响因素（6次）、技术进步（5次）、环境规制（5次）、ML指数（3次）、产业集聚（3次），说明这几个基础研究领域一直受学者们关注。

第二，关键词聚类。

聚类分析旨在将紧密相关的关键词进行归类，以揭示研究领域的主题结构。为了深入剖析建筑业全要素生产率的知识体系，采用LLR算法对关键词共现网络图进行聚类分析，结果如图1-5所示。聚类网络图谱中的关键词之间连线的数量越多，Q值越大，代表聚类效果越好。当Q>0.3时，意味着聚类结果中的各个模块结构显著；而当S>0.5时，则聚类效果比较合理。由图1-5可知，Q=0.6854，表示建筑业全要素生产率领域关键词聚类结构显著；S=0.9702，说明其聚类分析结果具备较高的可信度，聚类效果良好且结果合理，能够大致反映该研究领域的整体情况。建筑业全要素生产率研究前六项聚类分别为（#0）绿色全要素生产率、（#1）劳动要素、（#2）ML指数、（#3）DEA-Malmquist模型、（#4）环境规制、（#5）技术进步。

表1-2 高频关键词及其中心性列表

序号	频次	中心性	最早年份	关键词
1	47	0.81	2006	建筑业
2	6	0.18	2011	影响因素
3	5	0.15	2008	技术进步
4	5	0.11	2015	环境规制
5	3	0.04	2021	ML指数
6	3	0.04	2020	产业集聚
7	1	0.1	2017	劳动要素
8	1	0.1	2017	资本要素
9	1	0.08	2017	外延产出

资料来源：源于中国知网数据库并由CiteSpace计算得出。

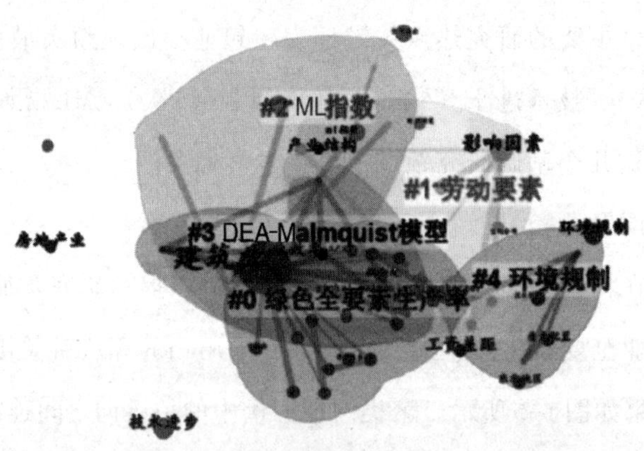

图1-5 关键词聚类网络图谱

资料来源：源于中国知网数据库并由CiteSpace绘制得出。

② 研究前沿分析

研究前沿不仅展示了研究领域的最新动态与趋势，还揭示了其知识根基与发展脉络。主题时间线图谱能清晰地展示研究主题在时间序列上的变化，还能揭示研究主题的主要内容和研究路径（如图1-6所示）。

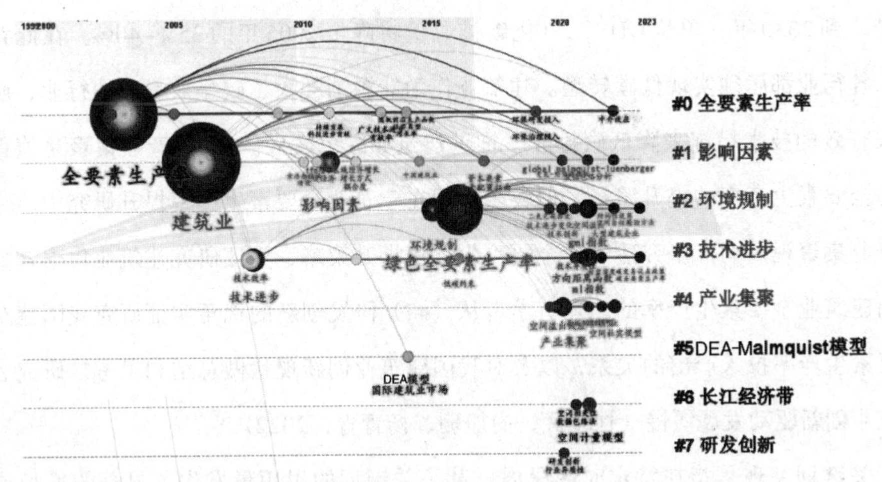

图1-6 主题时间线图谱

资料来源：源于中国知网数据库并由CiteSpace绘制得出。

图谱中S值为0.8456，表明该聚类合理。主题时间线图谱分为以下几个聚类：全要素生产率、影响因素、环境规制、技术进步、产业集聚、DEA-Malmquist模型、长江经济带、研发创新，反映了建筑业全要素生产率的主要研究方向。其中（#0）全要素生产率、（#1）影响因素、（#2）环境规制具有强爆发性，表明学者对这些主题的研究具有深度和广度。此外，（#2）环境规制、（#3）技术进步和（#4）产业集聚的聚类颜色最深，表明该主题是备受关注的热点问题。（#0）全要素生产率、（#1）影响因素主要是在该领域发展的基础阶段。在此阶段中，建筑业是"解决或缓解中国若干经济问题、社会问题、资源问题的重要途径和载体"（李忠富、邹心勇、李国良，2008）①，因此我国学者将全要素生产率与建筑业联系起来，实证分析我国建筑业生产率变动和影响因素。（#2）环境规制、（#3）技术进步这类主题主要是对建筑业低碳

① 李忠富，邹心勇，李国良．中国建筑业全要素生产率的变迁：1996—2005年实证分析［J］．土木工程学报，2008（11）：106-111．

转型发展的探索。目前我国作为世界上最大的二氧化碳排放国，一直致力于控制和减少二氧化碳排放。国家通过出台政策对环境保护和资源利用进行管理和监督，政府已承诺，到2030年，单位GDP二氧化碳排放量将降至2005年的35%~40%。在此背景下，各行业都亟须实现低碳转型。建筑业作为能源消耗大、碳排放量高的行业，亟须采取有效的技术措施来降低碳排放，推进建筑业绿色发展。(#4) 产业集聚是值得关注的全要素生产率的提升路径，但较少运用在建筑业全要素生产率提升研究中。学者从产业集聚视角切入研究建筑业全要素生产率提升策略，实证研究建筑业集聚是如何影响建筑业全要素生产率的。还有学者从（#7）研发创新的视角实证研究我国建筑业全要素生产率投入产出的关系，以及对我国建筑业创新现状做总结和思考，研究表明建筑业创新驱动发展缓慢（杜小武、尚旭珊、杨青青，2022）[①]。

关键词突现是指在特定时间段内，某一关键词的引用量发生了显著的增长或涌现。这种变化不仅说明该关键词的研究主题受到了更多关注，还意味着该主题在研究领域中具有重要的理论或实践价值。因此，通过分析关键词的突现情况，我们可以迅速捕捉到建筑业全要素生产率领域的研究热点和新兴趋势。本章借助CiteSpace的突现检测算法，深入剖析了建筑业全要素生产率领域的演进动态及发展趋势。

在利用CiteSpace对建筑业全要素生产率的关键词突现分析后，生成关键词突现图谱，选择前12个突现词（如图1-7所示）。从图谱可以发现，2008年之前建筑业全要素生产率领域的研究和活跃度不强，从2008年开始，国内学者研究建筑业是否处在健康、可持续发展状态，因此建筑业全要素生产率受到广泛关注。全要素生产率提供了一个优质研究方法，TFP增长被认为是整个经济保持持续增长能力的动力和源泉，因此国内学者从全要素生产率出发分析建筑业的整体发展状况及其影响因素。国内学者对我国2000—2009年建筑业的全要素生产率变化和其分解情况进行分析，发现我国建筑业全要素生产率上升趋势主要来源于技术进步，而技术效

① 杜小武，尚旭珊，杨青青．基于创新驱动视角的我国建筑业全要素生产率测算及分析［J］．中国集体经济，2022（26）：96-99.

率呈下滑趋势，其中规模效率下降得非常快，因此，有必要提高建筑业的管理水平（李倩，2011）[①]。

随着建筑业的蓬勃发展，学者们运用不同的数学模型加强对建筑业全要素生产率的测算，并对各种影响因素进行深入分析和识别。从图1-7还可以看出绿色全要素生产率突现强度为2.12，表示2016年国内各行业针对绿色全要素生产率领域的探讨和研究火热，成为该时期的研究前沿。作为中国的支柱产业，建筑业在迅猛发展的同时，不可避免地带来了大量的二氧化碳排放，严重制约了低碳转型。如何实现建筑业低碳转型已成为众多学者关注的热点。绿色全要素生产率是评估低碳转型的重要指标，评估建筑业绿色全要素生产率有助于明确建筑业低碳转型的动态过程，为建筑业高质量发展政策的制定提供重要参考（张静晓等，2020）[②]。

关键词	年份	突现强度	开始	结束	1999—2023
技术效率	2008	1.85	2008	2014	
TFP增长	2011	1.26	2011	2012	
建筑业	2006	1.13	2011	2013	
规模经济	2011	0.91	2011	2017	
科技进步	2011	0.91	2011	2017	
全要素生产率	2003	1.44	2015	2016	
影响因素	2011	0.92	2015	2017	
收敛性	2015	0.85	2015	2020	
绿色全要素生产率	2016	2.12	2020	2023	
ML指数	2021	0.91	2021	2023	
空间溢出	2021	0.91	2021	2023	
GML指数	2021	0.8	2021	2023	

图1-7　关键词突现图谱

资料来源：源于中国知网数据库并由CiteSpace绘制得出。

① 李倩. 我国建筑业生产率变动和影响因素分析［J］. 商业时代，2011（13）：107-108.

② 张静晓，金伟星，李慧，等. 中国建筑业动态绿色全要素生产率测度研究［J］. 工程管理学报，2020，34（1）：1-6.

1.2.3 基于CiteSpace数字化转型与全要素生产率研究

2024年1月，国家数据局会同有关部门联合印发了《“数据要素×”三年行动计划（2024—2026年）》，该计划要求发挥数据要素在发展高质量经济中的关键作用，实现经济倍增效应，突破传统资源要素约束，提高全要素生产率，推动构建以数据为关键要素的数字经济。近年来，我国数字技术不断发展，数字基础设施建设逐渐完善，数字技术和产业体系也不断完善，其中，数据要素作为经济发展的一部分，发挥了重要的作用。在当前数字经济浪潮下，各行各业都不能忽视数据要素的存在，包括工业、农业、交通运输业、商贸金融服务业、高科技行业等。数字经济的构成，离不开各行各业的存在。同样，各行各业的发展，也离不开数据要素的进步，离不开依靠数据要素所进行的数字化转型升级。

当前时代，数字化转型所反映的就是数据要素的使用与发展。实施数据要素的乘数效应，本质上就是促进数字化转型，推动数据要素与人力、资本等要素相互协同，在数据要素的带领下，提高资源利用率（唐静、冯思允，2023）①，促进全要素生产率的提升。尤其是通过建立数据要素市场，依靠创新激励效应、管理优化效应和数字金融赋能效应的传导机制，可以有效促进经济的转型升级，从而提高全要素生产率（李雅婧，2023）②。由此可见，在以数据要素推动经济高质量发展的过程中，数字化转型与全要素生产率都是不可或缺的一部分。

综观已有的文献研究：一方面，关于全要素生产率的分析探讨始于1986年，文献数量逐年增加，研究内容和研究形式也随着经济的发展不断变化；另一方面，关于数字化转型的分析探讨始于2000年，随着国家对数字化愈加重视，其文献数

① 唐静，冯思允．数字化转型对服务业企业全要素生产率影响研究［J］．国际商务（对外经济贸易大学学报），2023（3）：121-140．

② 李雅婧．数据要素市场建立与企业全要素生产率［D］．南昌：江西财经大学，2023．

量不断增加，研究内容与研究方法也更加丰富。而将两者相结合的文献则始于2020年，虽然每年都有学者对其进行文献综述，梳理两者基本概念（马晶晶，2023）[①]和国内外研究状况（郭慧芳、王宏鸣，2022；刘新争，2023）[②]，但面对诸多文献，仅做归纳分析会存在一定的局限性和片面性。目前，大多学者使用科学知识图谱对文献进行可视化分析，CiteSpace软件就是进行可视化分析的工具之一，最初是在地理、旅游学科上，对我国乡村旅游（安传艳等，2018）[③]、红色旅游（刘梓汐、罗盛锋，2020）[④]进行分析，之后逐渐发展到教育学（丁一洁，2024）[⑤]、中医学（吕俊嘉等，2024）[⑥]等学科上，而在数字化与全要素领域，使用较少。因此下文借助CiteSpace6.3.1软件对该领域2020—2024年的文献进行分析，用图形来呈现其研究主题演变的过程，通过阶段划分和关键文献解读分析研究内容演变特征，并预测研究趋势。

（1）研究方法与数据来源

目前，学术界大多使用CiteSpace、SPSS、VOSviewer、Ucinet等工具绘制知识图谱，其中CiteSpace软件是较为常用的工具。它是一款文献数据挖掘和可视化软件，主要作用是通过机构分布、作者合作、文献共被引和耦合、关键词共现等可视化功能，判断和分析学科前沿的演进趋势和研究特征。因此本章使用CiteSpace6.3.1软件进行分析。

---

① 马晶晶．数字化转型与企业全要素生产率［D］．南京：南京邮电大学，2023.

② 郭慧芳，王宏鸣．数字化转型与服务业全要素生产率［J］．现代经济探讨，2022（6）：92-102；113.刘新争．企业数字化转型中的“生产率悖论”——来自制造业上市公司的经验证据［J］．经济学家，2023（11）：37-47.

③ 安传艳，李同昇，翟洲燕，等．1992—2016年中国乡村旅游研究特征与趋势——基于CiteSpace知识图谱分析［J］．地理科学进展，2018，37（9）：1186-1200.

④ 刘梓汐，罗盛锋．我国红色旅游研究进展及趋势——基于CiteSpace计量分析（2009—2019）［J］．社会科学家，2020，（11）：44-49.

⑤ 丁一洁．新时代高校数字党建研究热点及趋势——基于CiteSpace可视化分析［J］．现代商贸工业，2024，45（8）：163-165.

⑥ 吕俊嘉，郭桂英，闫丹，等．基于CiteSpace的糖尿病中医饮食相关研究可视化分析［J］．全科护理，2024，22（5）：808-813.

为了保证原始数据的准确性和真实性，本章以文献覆盖量最多、覆盖最全的CNKI中国学术期刊（网络版）为样本来源。在CNKI中选择高级检索，以“主题”为检索途径，以“数字化转型”和“全要素生产率”为检索词，检索出296篇相关文献，剔除会议报道、征稿通知、卷首语等不相关条目，共得到有效样本文献284篇。

（2）国内研究综述

① 发文量年度增长趋势

图1-8展示了2020—2024年“数字化转型”与“全要素生产率”文献的发文量。2020年之前没有相关文献，其原因可能如下：一是我国的数字化转型的成果显现具有滞后性特点；二是在党的十九大报告中，提出全要素生产率的概念，并对其提出要求。自2020年起，发文量逐年增加，2020年为2篇，直到2023年达到顶峰，为170篇。

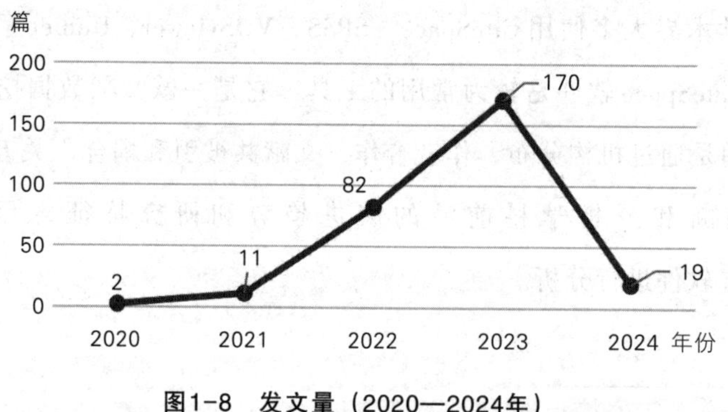

图1-8　发文量（2020—2024年）

资料来源：作者整理。

② 发文作者、发文机构分析

发文作者是科学研究的主体，通过对发文作者及其合作网络的结构特征分析，可以反映出该领域的核心作者群及其合作关系。将284篇有效文献数据转换后导入CiteSpace软件，并进行相关设置后生成作者合作网络图谱（如图1-9所示）。图中共有网络节点90个、网络连线40条，网络密度为0.01，反映了研究数字化转型与全要素生产率的作者较为分散，且合作关系非常弱。从发文频次来看，发文量最多是2篇，主要学者包括刘丽辉、钟启明、温湖炜、谢贤君和郁俊莉，其余学者均为1篇。长期来看，这种独立分散的情况不利于该领域的发展。因此，应加强学者之间的交流与沟通。

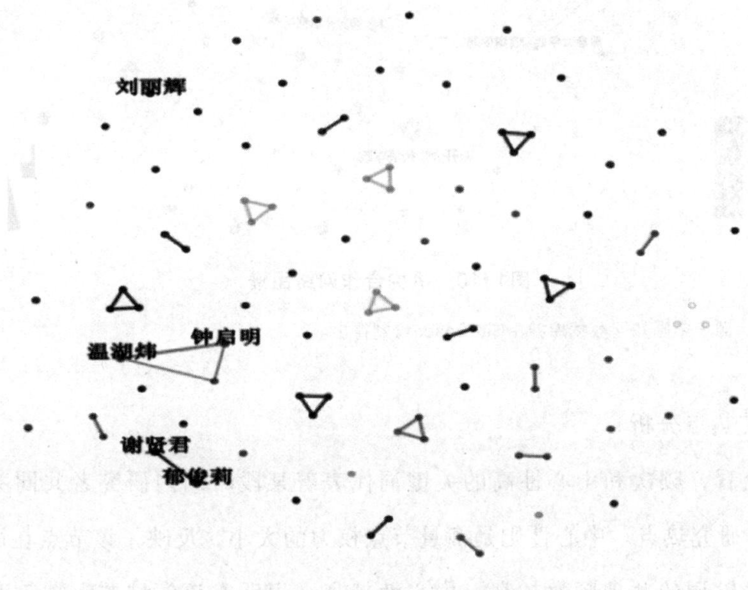

图1-9　作者合作网络图谱

资料来源：源于中国知网数据库并由CiteSpace绘制得出。

同理，对发文机构进行合作网络分析，得到机构合作网络图谱（如图1-10所示）。图中共有网络节点115个、网络连线44条，网络密度为0.0067。从发文机构来看，该领域研究主要集中在高校，其次分布在研究院。从发文时间看，大部分机构多集中于2022年和2023年。从发文频次看，发文量最多的机构是南开大学经济学院，其他在3篇以上的有南开大学经济与社会研究院、上海财经大学、山东大学、南京财经大学。从网络关系看，图中出现了由南京大学商学院、河海大学商学院、常州纺织服装职业技术学院经贸学院、河海大学公共管理学院以及江苏服饰文化研究院合作形成的网络关系。但从合作强度来看，该领域的合作较为分散，并未形成紧密的合作网络。

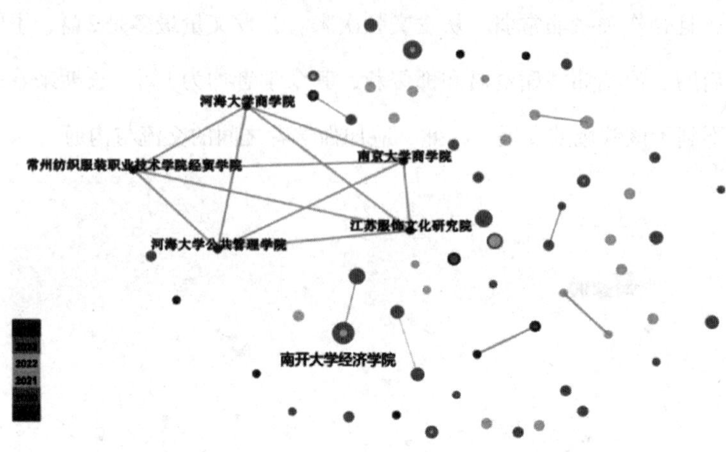

图1-10 机构合作网络图谱

资料来源：源于中国知网数据库并由CiteSpace绘制得出。

③ 研究热点分析

从理论看，频次和中心性高的关键词代表着某段时间内研究者共同关注的问题，也就是研究热点。中心性则是衡量节点权力的大小，反映了该节点在网络中的重要性。关键词的共现频次越高，中心性越高，说明在该领域节点越重要。从表1-3可以看出，出现频次高的关键词依次为全要素生产率、数字化转型、数字经济等。在该领域中，除数字化与全要素生产率之外，学者们大多研究经济与技术创新等热点，其原因可能是数字化与全要素生产率的提升离不开经济保障以及技术创新水平的提高。在行业上，多以金融业与制造业为主，对其他行业研究较少。

表1-3 关键词共现频次和中心性

排序	频次	中心性	年份	关键词	排序	频次	中心性	年份	关键词
1	181	0.94	2020	全要素生产率	14	10	0.02	2022	企业数字化转型
2	108	0.49	2021	数字化转型	15	9	0.02	2022	中介效应
3	66	0.29	2021	数字经济	16	7	0.02	2022	文本分析
4	23	0.12	2022	企业全要素生产率	17	13	0.01	2022	制造业
5	14	0.07	2023	绿色全要素生产率	18	12	0.01	2022	企业创新
6	5	0.06	2020	商业银行	19	9	0.01	2022	技术创新
7	7	0.04	2021	金融科技	20	8	0.01	2022	企业高质量发展

续表

排序	频次	中心性	年份	关键词	排序	频次	中心性	年份	关键词
8	2	0.04	2021	数据要素	21	8	0.01	2022	制造业企业
9	21	0.03	2021	高质量发展	22	7	0.01	2021	人力资本
10	13	0.03	2020	数字化	23	6	0.01	2022	数字金融
11	9	0.03	2021	数字技术	24	5	0.01	2021	资源配置
12	3	0.03	2021	经济高质量发展	25	5	0.01	2022	创新能力
13	19	0.02	2021	融资约束	26	4	0.01	2023	绿色创新

资料来源：源于中国知网数据库并由CiteSpace计算得出。

CiteSpace 的关键词聚类功能说明了某研究领域的热点和发展趋势。图 1-11 展示了研究热点的聚类结果，图中Q值为0.4227，S值为0.7908，说明聚类结果合理，并且可信度高。其中共有网络节点195个、网络连线595条，网络密度为0.0315。图中所展现的是排名前七的聚类，依次为数字化转型、数字化、数字经济、绿色全要素生产率、企业全要素生产率、商业银行和制造业，说明研究的主要方向大多是以数字化为主，符合我国的政策引导方向。在数字经济时代，重视数据要素的流动，以数据要素带动我国新质生产力的发展，促进全要素生产率的提升，同时推动绿色全要素生产率的提高，助推我国“双碳”目标的实现。

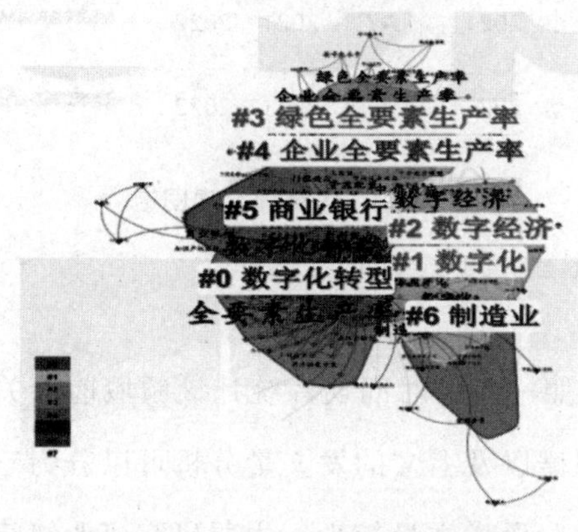

图1-11　关键词聚类图

资料来源：源于中国知网数据库并由CiteSpace绘制得出。

④ 研究趋势分析

从突现词的词频变化可以判断研究领域的前沿与趋势，根据 CiteSpace 相关分析，得到数字化转型与全要素生产率领域的突现图，如图 1-12 所示。突现词主要是商业银行、数字化、数字技术、技术进步和创新驱动，这反映了该领域的研究热点。其中商业银行体现在 2020—2022 年，数字化体现在 2020—2021 年，其余三个均在 2021—2022 年，研究趋势整体表现为逐年上升。从突现强度来看，数字技术是最高的，达到了 1.94，这表明在 2021—2022 年数字技术研究热点相当高。人工智能、区块链、云计算等数字技术的不断发展，对我国经济高质量发展起到了关键作用，其中技术进步和技术创新显得尤为重要，二者是推动我国产业结构升级、优化资源配置以及发展新质生产力的重要手段。因此，在该领域中，技术进步与创新驱动对数字化的影响机制逐渐成为学者关注的热点问题。

图1-12 关键词突现图谱

资料来源：源于中国知网数据库并由CiteSpace绘制得出。

以聚类为基础，按照一年的时间切片统计该领域前沿关键词时间图谱，如图 1-13 所示。根据时间图谱以及上文的发文量分析可以分为三个研究阶段，第一阶段为 2020—2021 年，该阶段发文量较少，主要研究商业银行以及数字化；第二阶段为 2022—2023 年，发文量逐年增加，随着 2020 年“双碳”目标的提出，提高绿色全要素生产率有助于发展绿色低碳经济，助推我国“双碳”目标的实现，因此学者在研究中加入了绿色全要素生产率，在绿色低碳化的基础上，深入分析数字化的影响因素，其中研究进度最快的是技术进步和技术创新对数字化的影响；第三阶段是2023年至今，随着新质生产力概念的提出以及数据要素的流动日益重要，各行各业更加重视通过数字化转型升级，以技术创新为载体，优化产业结构，实现企业内部结构和外部供应链管理的数字化与智能化，提高企业信息的透明化，促进生产效率、管理效率、投资效率和经济效率的提高，从而促进全要素生产率的提升。

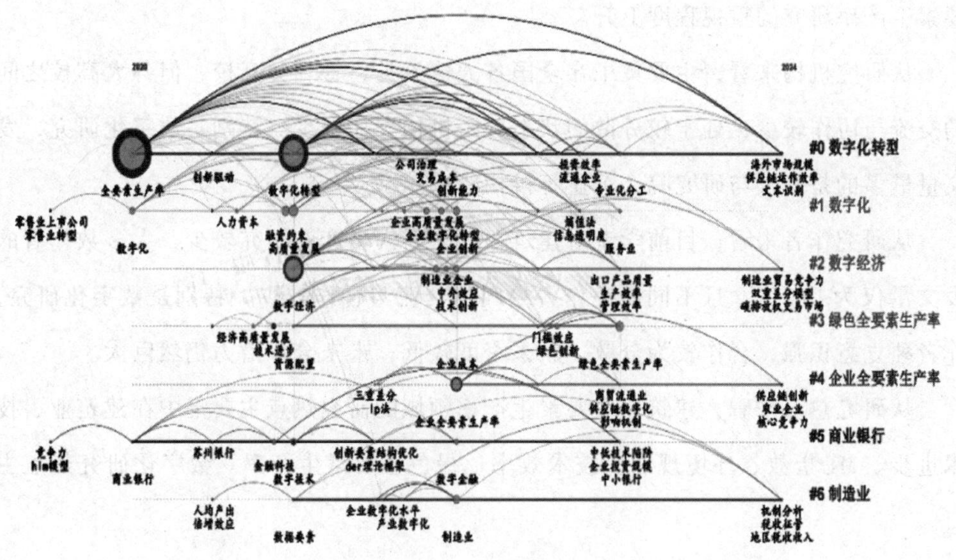

图1-13　时间图谱

资料来源：源于中国知网数据库并由CiteSpace绘制得出。

1.2.4　文献评述

基于国内外文献，对建筑业全要素生产率研究文献进行分析，旨在梳理该领域的研究现状与热点前沿，主要得出以下结论：

从总体研究来看，我国对建筑业的全要素生产率研究目前处于发展阶段，对建筑业全要素生产率的研究从国家与行业的宏观领域逐步转向建筑企业的微观领域。在研究对象中，大部分都是以制造业（宋清华、钟启明、温湖炜，2022）[①]为主，除此之外，还有服务业（郭慧芳、王宏鸣，2022）[②]、教育业（杨明月、肖宇，2023）[③]、零售业（郭馨梅、沈冉、徐小茗，2020）[④]等，对于建筑业的研究较少。研究方法上，关于数字化的指标多是以词频统计为主，而全要素生产率指数则是以OP法和LP法为主流，也有部分学者使用GMM法[①]和Malmquist指数法[⑤]进行研究。

从文献数量来看，整体呈现稳定趋势，特别是数字化转型相关研究在2020—2024年发文量呈现一个增加的趋势。2022年发文量大幅增长，表明对建筑业的全要素生产率研究的重视程度上升。

从研究机构来看，主要集中在全国各大建筑类、管理类高校，但各大高校之间的交流与协作较少，处于较分散的状态，跨机构合作较少。特别是数字化研究，发文量最多的是高校与研究院，企业等机构较少。

从研究作者来看，目前学者对建筑业的全要素生产率研究较少，大多数作者的发文量仅为1~2篇，且不同研究作者之间的交流与合作较少，特别是数字化研究，作者独立意识强，合作较为分散，联系密度较低，未来合作潜力仍然巨大。

从研究热点来看，建筑业全要素生产率领域的研究热点主要集中在建筑业、技术进步、ML指数、环境规制、技术效率、绿色全要素生产率。数字化研究热点主

---

① 宋清华，钟启明，温湖炜．产业数字化与企业全要素生产率——来自中国制造业上市公司的证据[J]．海南大学学报（人文社会科学版），2022，40（4）：74-84.

② 郭慧芳，王宏鸣．数字化转型与服务业全要素生产率［J］．现代经济探讨，2022（6）：92-102；113.

③ 杨明月，肖宇．数字化转型对中国教育服务业全要素生产率的影响［J］．清华大学教育研究，2023，44（1）：76-89.

④ 郭馨梅，沈冉，徐小茗．数字化背景下我国零售业上市公司经营效率评价［J］．商业经济研究，2020（16）：174-176.

⑤ 杨明月，肖宇．数字化转型对中国教育服务业全要素生产率的影响［J］．清华大学教育研究，2023，44（1）：76-89.

要是数字化、数字经济、技术创新与全要素生产率，且以金融业和制造业为主，其他行业比较少。

从研究前沿来看，目前国内学者对绿色全要素生产率领域的探讨和研究火热，成为该时期的研究前沿。建筑业作为中国的支柱产业应被给予足够重视，此外，在面对政府和社会全面呼吁减少能源消耗和碳排放的环境下，对绿色建筑的需求更为迫切，2020—2024年，学者们对数字化与全要素生产率的研究分析更加深入，因此，未来“数字化、绿色化”全要素生产率研究维度应进一步拓展。

综上所述，本书利用全要素生产率测算的前沿分析方法，基于“双碳”背景，从宏观与微观两个视角出发，结合定性与定量研究方法，系统性深入研究我国建筑业全要素生产率变动、影响机制与提升路径。

1.3 研究内容与方法

1.3.1 研究内容

本书利用全要素生产率测算的前沿分析方法，基于“双碳”背景，在分析我国与OECD建筑业总体情况基础上，科学精准测算我国建筑业绿色全要素生产率，并与OECD主要国家建筑业绿色全要素生产率进行比较分析，探讨我国建筑业绿色全要素生产率变动轨迹与特征。进一步从微观角度，基于上市建筑企业相关数据，运用定性与定量研究方法，揭示提高我国建筑业全要素生产率的有效路径，并探讨建筑企业数字化转型、ESG表现对全要素生产率以及绿色全要素生产率的影响机制与提升机制，以提高建筑业及企业生产活动的投入产出效率与运营管理效能。各章具体内容如下：

第1章在分析建筑业全要素生产率研究背景与意义的基础上，通过国内外研究现状梳理与评述，明确本书研究内容与方法，进一步提出研究创新点与不足。

第2章基于对我国和OECD国家建筑业总体情况分析，力求发现各国建筑业发展的一般规律，进一步测算各国建筑业绿色全要素生产率并分析其变动情况。

第3章在对我国省域建筑业总体情况分析基础上，力求揭示我国省域建筑业发展的一般规律，进一步测算我国省域绿色全要素生产率，研究探讨我国省域绿色全要素生产率变动情况与特征。

第4章基于TOE理论框架，以建筑上市企业作为研究对象，运用模糊集定性比较分析（fsQCA）方法，力求揭示提升建筑企业全要素生产率的组合路径。

第5章选取建筑业沪深A股上市公司数据，实证检验数字化转型对全要素生产率的影响，进一步以创新绩效作为中介变量，分析数字化转型对建筑企业全要素生产率的影响机制。

第6章使用建筑业上市企业2012—2022年数据，探究ESG能否通过提高全要素生产率来实现企业高质量发展，力求揭示建筑企业ESG表现对全要素生产率的影响机理。

第7章在第5章研究的基础上，以中国建筑股份有限公司为例，分析数字化提升建筑企业绿色全要素生产率的路径。

第8章在第6章研究的基础上，以建筑上市公司2015—2021年数据为样本，探究建筑企业ESG表现对绿色全要素生产率的影响机制。

1.3.2 研究方法

全要素生产率反映的是生产过程中各种投入要素的单位平均投出水平，针对全要素生产率的测算方法有多种，包括宏观层面和微观层面，宏观层面的研究对象是国家，微观层面的研究对象是企业。

对全要素生产率的经典测算是从估计生产函数开始的，也有学者提出可以根据是否需要假设生产函数并对生产函数参数进行估计，分为参数法和非参数法。参数法主要以索洛残差法、随机前沿分析法等为代表，非参数法主要以DEA、指数法等为代表（见表1-4）。此外，根据测算原理的不同又可以分为增长核算法、生产前沿面法和指数法（见表1-5）。

表1-4　　全要素生产率的测算方法

测算方法	具体方法	特征	缺点
参数法	索洛残差法（SRA）	最先考虑技术进步对TFP的贡献度	模型假设严格，对函数形式的要求敏感，测算结果有偏误
	增长核算法（包括C-D生产函数法、超越对数生产函数法、CES生产函数法）	考虑其他投入对TFP的影响	需假设市场是完全竞争的，无法将TFP变化分解为技术效率和分配效率
	随机前沿分析法（SFA）	允许技术无效率存在，可将TFP变化分解，考虑随机因素对TFP的影响	无法避免因生产函数选择不当而产生的内生性等问题，假设参数不变属于静态研究方法
非参数法	数据包络分析法（DEA）	不需要设置具体的生产函数，能处理多投入、多产出问题	未考虑非期望产出，对投入、产出指标选择不同，测算结果不同，有偏误
	DEA-Malmquist指数法	所需数据较少，可将TFP变化分解	要求规模报酬不变，测量产生系统偏差，不满足跨期比较时的传递性且分解不完整
	Fare-Primont DEA法	满足传递性、完全分解，可获得TFP的水平值，对各研究对象进行横向比较	决策单元（DMUS）的数量应至少是总投入产出指标的2倍
	Global Malmquist Luenberger（GML）生产率指数法	将能源消耗作为投入指标，将污染物排放量作为非期望产出，纳入到投入产出效率分析中测算GTFP	所构建的数学模型没有考虑DMUS之间的相互作用

表1-5　　全要素生产率研究方法评述

测算方法	具体方法	特征	缺点
增长核算法	C-D生产函数法	假设市场是完全竞争的	无法分解为技术效率和分配效率，其将TFP增长全部归为技术进步的结果，致使不能挖掘生产率变动的深层次原因
	超越对数生产函数法	放松了常替代弹性的假设，并且在形式上更具灵活性，往往能更好地避免由函数形式误设所带来的估计偏差	实际估计过程中不能提供比C-D生产函数法更多的信息

续表

测算方法	具体方法	特征	缺点
生产前沿面法	数据包络分析法（DEA）	不需要设置具体的生产函数，且能处理多投入、多产出问题	没有考虑非期望产出，对投入、产出指标选择不同，测算结果也不同，有偏差
	DEA-Malmquist指数法	避开了设置具体的生产函数，而且只需要输入量和输出量，不需要有关价格信息，在数据不足的情况下是理想的，可将TFP分解	该方法要求规模报酬不变，否则会对生产率变化的测量产生系统偏差，不满足跨期比较时的传递性，且分解不完整
	随机前沿分析法（SFA）	允许技术无效率存在，并能将TFP的变化进行分解，考虑随机因素对经济增长的影响	需要设置具体的生产函数，无法避免因生产函数选择不当而产生的问题
	Fare-Primont DEA法	既能分析TFP的纵向变化趋势，又能获得TFP的水平值，从而对各研究对象进行横向比较	决策单元的数量至少是总投入产出指标的2倍
指数法	Tornqvist指数法	是个体数量指数的加权几何平均值	使用较少
	Malmquist指数法	不要求价格信息，不要求行为假设	在处理非期望产出方面存在缺陷

总体而言，以生产前沿面法应用最为广泛，增长核算法次之，单纯采用指数法的研究较少。具体到建筑业里，使用最多的是生产函数法和基于DEA的指数法。其中生产函数法要求产出指标只有一个，而基于DEA的指数法对产出指标的数量没有限制。在指标的选取上要遵循科学合理性原则，除了定性分析确认指标，还可以使用定量的指标选择法，比如增加值法、主成分分析法、因子分析法等，一定程度上，后者要比前者更有说服力。

伴随我国的新发展理念以及对碳排放的重视，在全要素生产率（TFP）的基础上产生了绿色全要素生产率（GTFP）。其中，GTFP可进一步分为静态和动态两类。以往研究中，一般考虑将DEA模型与生产指数相结合，生产率指数上包括M生产率指数、ML生产率指数、GML生产率指数等。除此之外，指标选取上也不同，主要分为两类，一是将资源环境因素纳入投入指标来研究绿色生产效率，二是将环境因素作为非期望产出纳入测算框架，但重要的是，非期望产出在研究过程中是不能忽视的。

从2005到2020年，随着我国建筑全过程能耗和建筑碳排放的不断增加，学者们对建筑业的研究热点逐步从TFP到GTFP，研究热点也更加细致化，主要有区域异质性、空间聚集性、地区相邻性等。由此可知，未来对于绿色全要素生产率的研究会更多，在指标选取甚至是研究方法上也会更加科学合理。

综上所述，本书应用定性比较分析法与定量实证分析法进行相关研究与分析，具体如下：

（1）模糊集定性比较分析法

模糊集定性比较分析（fsQCA），是将集合理论和布尔运算作为研究方式，对前因条件组合如何形成结果进行探索的方法，也是兼具定性与定量方法优势的一种综合研究对策。该方法通过对比一定数量的案例，基于反事实分析，运用布尔代数对组态进行研究，可以将实现结果的不同组态充分挖掘出来（陈凡琦，2022）①。本方法在第4章中有具体应用。

（2）定量实证分析法

考虑到传统的索洛残差法可能导致同时性偏差和样本选择偏差，本书以LP法测算企业全要素生产率为主，并对比分析应用LP法、DEA-Malmquist法、超效率SBM模型以及Fare-Primont方法测算的TFP和GTFP值。这些方法在第5章、第6章以及第7章中有具体应用。

1.4 研究创新点与不足

1.4.1 研究创新点

研究内容全面创新。本书结合宏观与微观两个方面，对我国与OECD各国建筑业绿色全要素生产率、我国上市建筑企业全要素生产率与绿色全要素生产率进行系

① 陈凡琦．建筑企业社会责任对全要素生产率的影响机理及提升策略研究［D］．重庆：重庆大学，2022.

统性研究，弥补以往仅从单一内容进行研究的不足。

研究视角选择创新。本书从数字化、绿色化与ESG表现视角，对我国上市建筑企业全要素生产率与绿色全要素生产率变动、影响机制与提升路径进行多视角研究，弥补以往仅从单一视角进行研究的不足。

研究方法应用创新。考虑到传统的索洛残差法可能导致同时性偏差和样本选择偏差，本书以LP法测算企业全要素生产率为主，并对应用LP法、DEA-Malmquist法、超效率SBM模型以及Fare-Primont方法测算的TFP和GTFP值进行全面比较分析，弥补以往仅应用单一方法进行研究的不足。

1.4.2 研究不足

本研究虽然已经尽量保证研究的真实性、客观性及价值性，但是由于原始数据获取困难、原始数据缺失、方法应用不适度等限制，特别是建筑业的碳排放数据获取和统计的方法不一致、上市建筑企业数量有限，使得研究数据统计分析存在不足，有待今后完善。

2 我国与OECD国家绿色全要素生产率变动比较分析

本章基于宏观数据研究分析我国与OECD国家建筑业在总产值、增加值、从业人员、建筑碳排放方面的总体发展情况，探索我国与OECD国家建筑业发展的一般规律。进一步，基于相关数据，应用Deap-xp1软件对各国绿色全要素生产率进行测算，揭示其变动情况与特征。

2.1 OECD建筑业总体情况

2.1.1 总产值非连续性上升，增速放缓甚至负增长

增值贸易（TiVA）2023版主要指标显示（如图2-1所示），首先，2013年至2020年期间，OECD国家建筑业总产值稳健增长，从2013年的54 820亿美元逐渐攀升至2020年的60 514亿美元。在此期间，平均每年增长约为813.4亿美元；其次，OECD国家建筑业总产值从2013年至2020年整体增长呈现波动态势，在2015年、2019年和2020年出现-6.87%、0.01%和-0.59%增长，这表明OECD国家建筑业总产值增长速度放缓甚至出现负增长，呈现出增长的非连续性和不确定性。

增值贸易（TiVA）2023版主要指标显示，从2013年至2020年OECD各国建筑业总产值总体情况来看（如图2-2所示），除澳大利亚、意大利、墨西哥等12个国家之外，美国、日本、英国等26个国家的建筑业总产值呈现增长趋势。其中，美国建筑业总产值由2013年的11 537.6亿美元持续上升至2020年的17 870.8亿美元，年均增长904.7亿美元，以绝对优势位列第一，增长率由2013年的7.56%波动下降

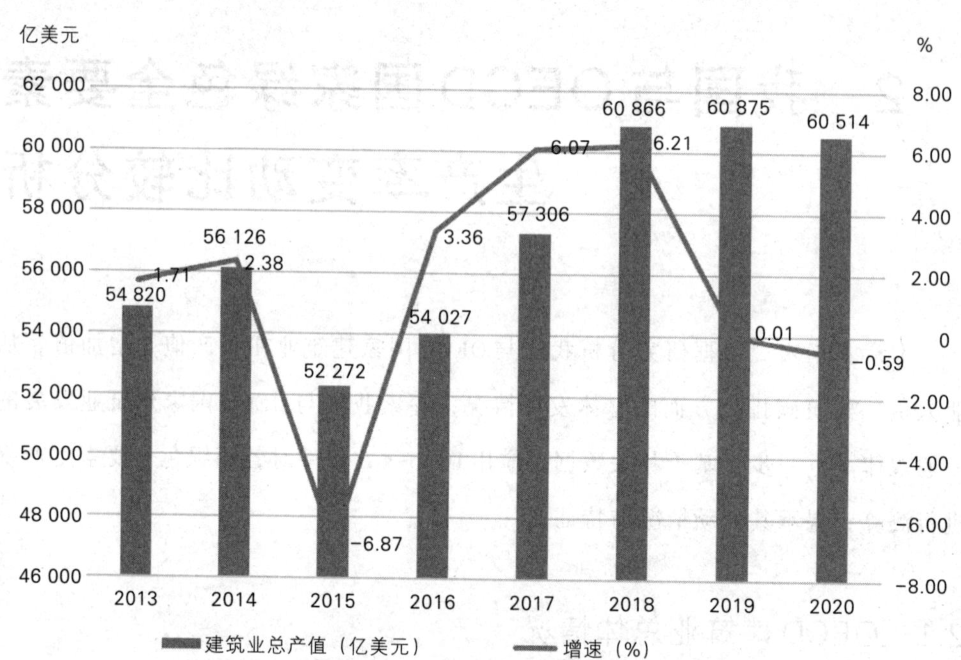

图2-1 OECD国家建筑业总产值及增速（2013—2020年）

资料来源：作者整理。

至2020年的4.08%，年均增长率为6.61%，日本建筑业总产值在2013年至2015年期间有所下降，但在2020年回升至6 030.1亿美元，年均增长52.6亿美元，增长率由2013年的-10.53%波动变化至2020年的4.42%，年均增长率为-0.27%，英国建筑总产值从2013年的3 597.1亿美元波动上升至2020年的3 784.7亿美元，年均增长26.8亿美元，年均增长率为1.58%，这表明以美国、日本、英国为代表的OECD国家的建筑业总产值整体呈现增长态势，但增长持续减缓，甚至出现负增长，反映出建筑业发展规模正进入调整期。

一方面，尽管各个国家的建筑业总产值增长率有所放缓甚至为负，但是斯洛伐克、冰岛、卢森堡三个国家年均增长率较高，表明2013—2020年这三个国家建筑业发展规模扩大程度较高；另一方面，建筑业总产值年均增长率排名后三的葡萄牙、哥伦比亚、荷兰建筑业总产值年均增长率分别为-9.36%、-4.75%、-3.85%，

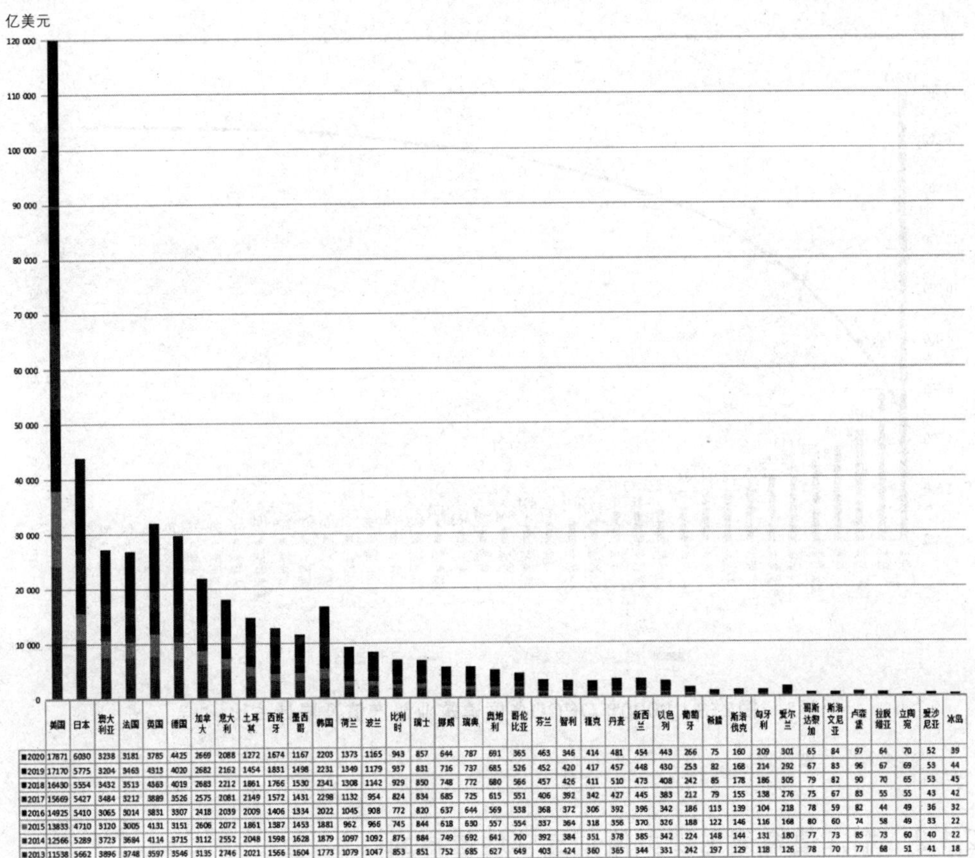

	美国	日本	澳大利亚	法国	英国	德国	加拿大	意大利	土耳其	西班牙	墨西哥	韩国	荷兰
2020	17871	6030	3238	3181	3785	4425	2669	2088	1272	1674	1167	2203	1373
2019	17170	5775	3204	3463	4313	4020	2682	2162	1454	1831	1498	2231	1349
2018	16430	5554	3432	3513	4363	4019	2683	2212	1861	1766	1530	2341	1308
2017	15669	5427	3484	3212	3889	3526	2575	2081	2149	1572	1431	2298	1132
2016	14925	5410	3065	3014	3831	3307	2418	2039	2009	1406	1334	2022	1045
2015	13833	4710	3120	3005	4131	3151	2606	2072	1861	1387	1453	1881	962
2014	12566	5289	3723	3684	4114	3715	3112	2552	2048	1598	1628	1879	1097
2013	11538	5662	3896	3748	3597	3546	3135	2746	2021	1566	1604	1773	1079

	波兰	比利时	瑞士	挪威	瑞典	奥地利	哥伦比亚	芬兰	智利	捷克	丹麦	新西兰	以色列
2020	1165	943	857	644	787	691	365	463	346	414	481	454	443
2019	1179	937	831	716	737	685	526	452	420	417	457	448	430
2018	1142	929	850	748	772	680	566	457	426	411	510	473	408
2017	954	824	834	685	725	615	551	406	392	342	427	445	383
2016	908	772	820	637	644	569	538	368	372	306	392	396	342
2015	966	745	844	618	630	557	554	337	364	318	356	370	326
2014	1092	875	884	749	692	641	700	392	384	351	378	385	342
2013	1047	853	851	752	685	627	649	403	424	360	365	344	331

	葡萄牙	希腊	斯洛伐克	匈牙利	爱尔兰	哥斯达黎加	斯洛文尼亚	卢森堡	拉脱维亚	立陶宛	爱沙尼亚	冰岛
2020	266	75	160	209	301	65	84	97	64	70	52	39
2019	253	82	168	214	292	67	83	96	67	69	53	44
2018	242	85	178	186	305	79	82	90	70	65	53	45
2017	212	79	155	138	276	75	67	83	55	55	43	42
2016	186	113	139	104	218	78	59	82	44	49	36	32
2015	188	122	146	116	168	80	60	74	58	49	33	22
2014	224	148	144	131	180	77	73	85	73	60	40	22
2013	242	197	129	118	126	78	70	77	68	51	41	18

图2-2　OECD各国建筑业总产值（2013—2020年）

资料来源：作者整理。

这表明2013—2020年葡萄牙、哥伦比亚、荷兰建筑业发展规模受限。

增值贸易（TiVA）2023版主要指标显示，从2020年OECD各国排名情况来看（如图2-3所示），美国和日本建筑业总产值合计占OECD建筑业总产值的39.50%，美国、日本、德国、英国、澳大利亚、法国、加拿大、韩国、意大利、西班牙、荷兰等11个国家建筑业总产值合计占OECD建筑业总产值的80.21%，这表明38个OECD成员国中排名前11的国家主导OECD建筑业总产值走向，引领建筑业发展，建筑业生产规模集中度较高。

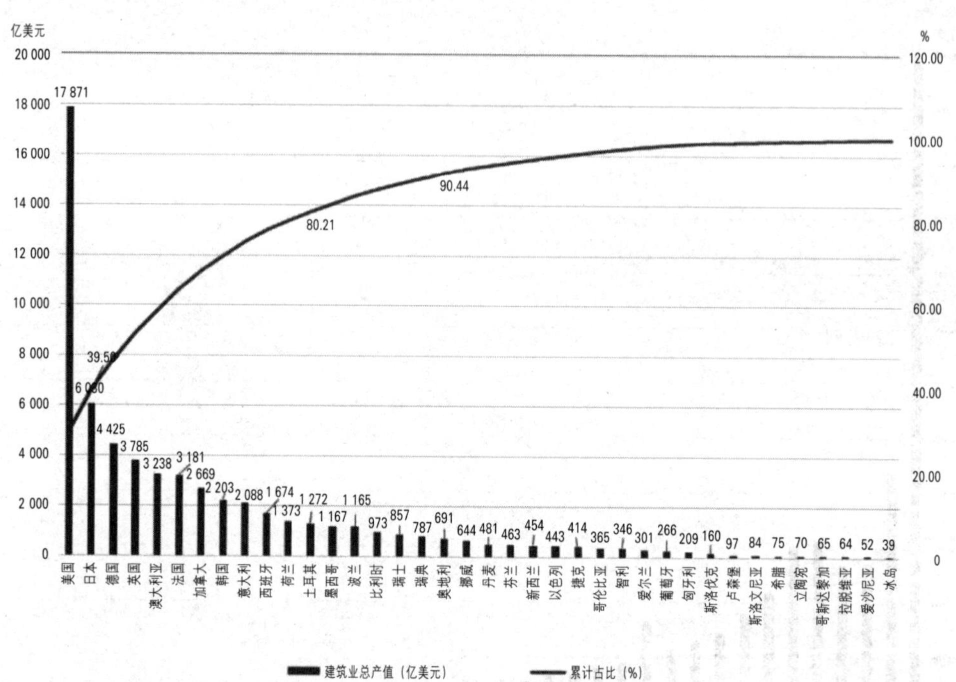

图2-3　2020年OECD各国建筑业总产值及累计占比

资料来源：作者整理。

2.1.2　增加值增速呈现负值，支柱地位稳固

增值贸易（TiVA）2023版主要指标显示（如图2-4所示），首先，从建筑业增加值及其增速来看，伴随着OECD建筑业总产值的不连续增长以及增速放缓甚至为负，OECD建筑业增加值由2013年的21 409.1亿美元，不连续上升至2020年的24 070.8亿美元，增加值增速由2013年的1.6%波动下降至2020年的-2.5%，年均增速为1.7%，这表明尽管OECD建筑业增加值呈现上升趋势，但增速波动放缓甚至为负，建筑业生产效率有所降低；其次，从建筑业增加值占建筑业总产值的比重来看，2013年至2020年在39.05%~40.55%较小区间（差距为1.5%）内波动，这表明尽管建筑业生产效率有所降低，不过建筑业对经济贡献程度并没有根本性变化，建筑业在OECD经济发展中的产业支柱地位依然稳固。

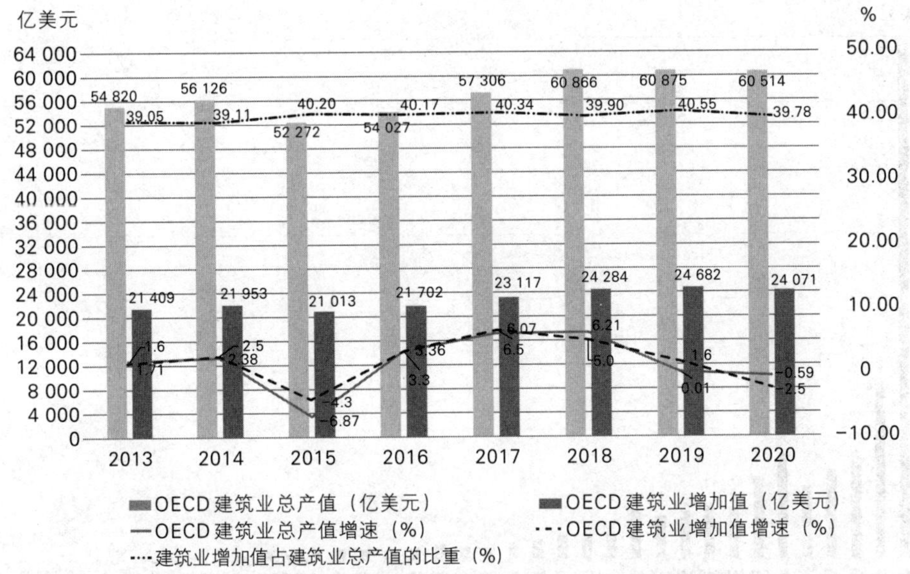

图2-4　OECD建筑业总产值、增加值及其增速（2013—2020年）

资料来源：作者整理。

增值贸易（TiVA）2023版主要指标显示，从2013年至2020年OECD各国总体情况来看（如图2-5所示），美国、日本、德国等24个国家建筑业增加值有所上升；法国、澳大利亚、英国、加拿大等14个国家建筑业增加值有所下降。其中，美国建筑业增加值由2013年的6 007.9亿美元不连续上升至2020年的9 159.2亿美元，年均增长450.2亿美元，以绝对优势位居第一，增加值增长率由2013年的6.23%波动下降至2020年的-0.92%，年均增长率为6.25%；日本建筑业增加值由2013年的2 562.9亿美元波动上升至2020年的2 930.8亿美元，年均增长52.6亿美元，增加值增长率由2013年的-11.49%波动上升至2020年的6.54%，年均增长率为0.48%；德国建筑业增加值由2013年的1 527.7亿美元波动上升至2020年的1 985.7亿美元，年均增长65.4亿美元，增加值增长率由2013年的5.05%波动上升至2020年的10.29%，年均增长率为4.24%。这表明以美国、日本、德国为代表的OECD国家建筑业增加值均有所增长、生产效率较高、对经济贡献度较高，不过增长率持续放缓甚至为负，建筑业生产效率有所降低。

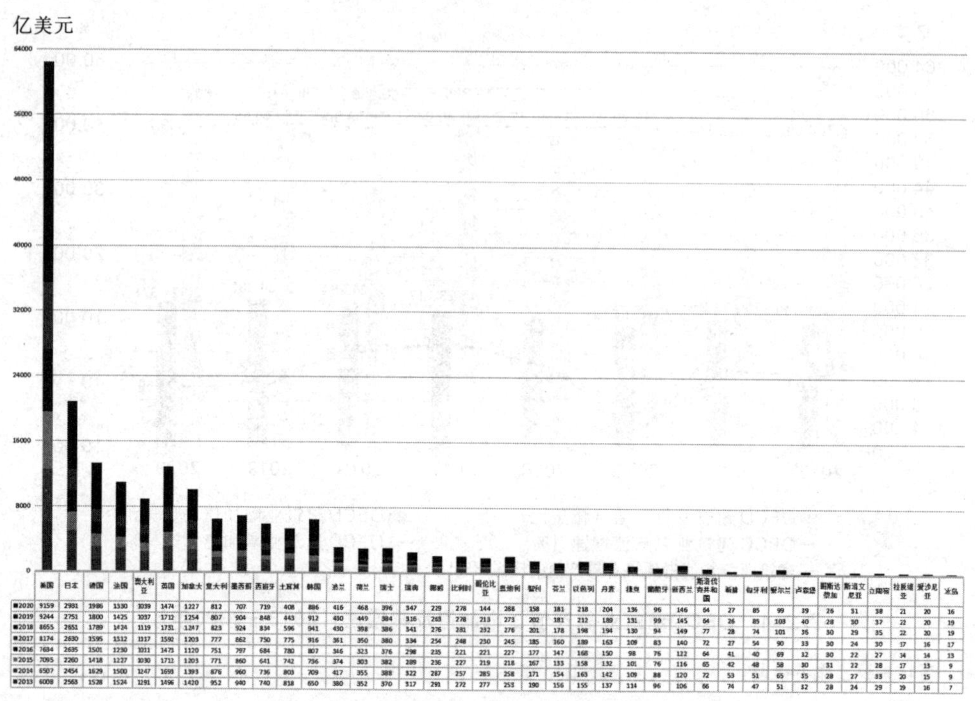

	美国	日本	德国	法国	澳大利亚	英国	加拿大	意大利	墨西哥	西班牙
■2020	9159	2931	1986	1330	1039	1474	1227	812	707	719
■2019	9244	2751	1800	1425	1097	1712	1254	807	904	848
■2018	8655	2651	1789	1424	1119	1731	1247	823	924	834
■2017	8174	2630	1595	1312	1117	1592	1203	777	862	750
■2016	7684	2635	1501	1230	1011	1473	1120	751	797	684
■2015	7095	2260	1418	1227	1030	1712	1203	771	860	641
■2014	6507	2454	1629	1500	1247	1693	1393	876	960	736
■2013	6008	2563	1528	1524	1291	1496	1420	952	940	740

	土耳其	韩国	波兰	荷兰	瑞士	瑞典	挪威	比利时	哥伦比亚	奥地利
■2020	408	886	416	468	396	347	229	278	144	288
■2019	443	912	430	449	384	316	263	278	213	273
■2018	596	941	430	398	386	341	276	281	232	276
■2017	775	916	361	350	380	334	254	248	230	245
■2016	780	807	346	323	376	298	235	221	221	227
■2015	742	756	374	303	382	289	236	227	219	218
■2014	803	709	417	355	388	322	287	257	285	258
■2013	818	650	380	352	370	317	291	272	277	253

	智利	芬兰	以色列	丹麦	捷克	葡萄牙	新西兰	斯洛伐克共和国	希腊
■2020	158	181	218	204	136	96	146	64	27
■2019	202	181	212	189	131	99	145	64	26
■2018	201	178	198	194	130	94	149	77	28
■2017	185	160	189	163	109	83	140	72	27
■2016	177	147	168	150	98	76	122	64	41
■2015	167	133	158	132	101	76	116	65	42
■2014	171	154	163	142	109	88	120	72	53
■2013	190	156	155	137	114	96	106	66	74

	匈牙利	爱尔兰	卢森堡	哥斯达黎加	斯洛文尼亚	立陶宛	拉脱维亚	爱沙尼亚	冰岛
■2020	85	99	39	26	31	38	21	20	16
■2019	85	103	40	28	30	37	22	20	19
■2018	74	101	36	30	29	35	22	20	19
■2017	54	90	33	30	24	30	17	16	17
■2016	40	69	32	30	22	27	14	14	13
■2015	48	58	30	31	22	28	17	13	9
■2014	51	65	35	28	27	33	20	15	9
■2013	47	51	32	28	24	29	19	16	7

图2-5　OECD各国建筑业增加值（2013—2020）

资料来源：作者整理。

另外，值得注意的是，建筑业增加值年均增长率排名前三的冰岛、爱尔兰、匈牙利年均增长率分别为14.34%、13.83%、10.33%，表明冰岛、爱尔兰、匈牙利建筑业生产效率较高，对经济贡献度较高。

增值贸易（TiVA）2023版主要指标显示（如图2-6所示），从2020年我国与OECD各国建筑业增加值排名情况来看，中国、美国、日本建筑业增加值之和占所有国家建筑业增加值的52.43%，中国、美国、日本、德国、英国、法国、加拿大、澳大利亚、韩国等9个国家的建筑业增加值总和超过30 369.8亿美元，占比高达81.67%，这表明39个国家中排名前9的国家主导建筑业增加值走向，引领建筑业生产效率提高，建筑业经济贡献集中度较高。

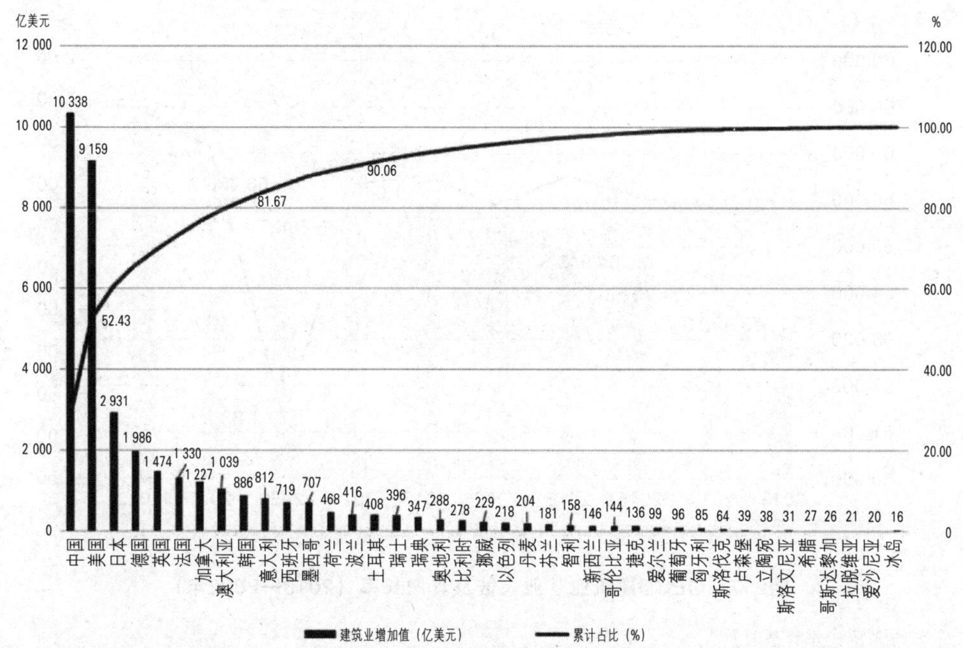

图2-6　2020年中国和OECD国家建筑业增加值及累计占比

资料来源：作者整理。

2.1.3　从业人员人数有所增加，增速放缓

增值贸易（TiVA）2023版主要指标显示（如图2-7所示），首先，从建筑业从业人数变动情况来看，OECD建筑业从业人数从2013年的63 194.3万人稳步增长至2022年的67 902.5万人，达到高峰，年均增长523.1万人，建筑业持续发展到波动萎缩的转型发展阶段，增速放缓甚至为负，这表明建筑业就业情况有所恶化，建筑业发展受到抑制。

增值贸易（TiVA）2023版主要指标显示（如图2-8所示），首先，从2013年至2022年各国总体情况来看，除意大利、西班牙、波兰、葡萄牙、希腊、拉脱维亚6个国家建筑业从业人数负增长之外，其余32个国家建筑业从业人数均有所增加。其中美国建筑业从业人数由2013年的15 538.92万人波动上升至2022年的16 428.72万人，年均增长98.9万人，以绝对优势位居第一，从业人数增长率由2013年的0.27%波

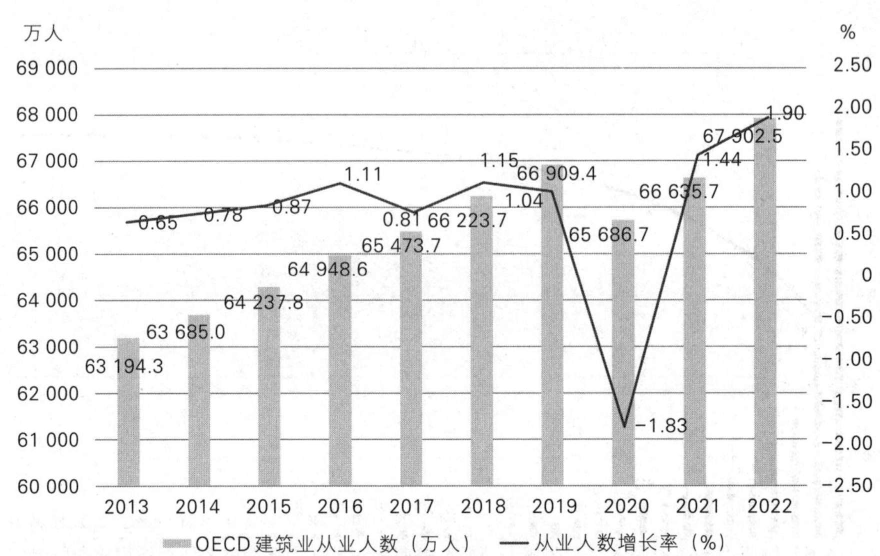

图2-7　OECD建筑业从业人数及其增长率（2013—2022年）

资料来源：作者整理。

动上升至2022年的1.91%，年均增长率为0.59%；位居第二的日本建筑业从业人数从2013年的6 592.75万人持续上升至2019年的6 912.17万人，随后几年内经历了小幅波动，波动下降至2022年的6 901.92万人，年均增长34.35万人，从业人数增长率由2013年的0.42%波动下降至2022年的−0.08%，年均增长率为0.50%；仅次于日本的墨西哥建筑业从业人数由2013年的5 178.71万人波动上升至2022年的5 926.24万人，年均增长83.06万人，从业人数增长率由2013年的1.09%波动上升至2022年的3.01%，年均增长率为1.52%（超过美国、日本），这表明美国、日本、墨西哥三个国家的建筑业从业人数有所增长，年均增长率放缓并伴随建筑业发展规模进入低速增长时期，建筑从业人员数量缓慢增加。

增值贸易（TiVA）2023版主要指标显示（如图2-9所示），从2022年OECD各国排名情况来看，美国、日本、墨西哥、德国、土耳其、英国、法国、韩国、意大利、哥伦比亚、西班牙、加拿大12个国家的建筑业从业人数之和占OECD建筑业从业人数的82.26%，这表明38个国家中排名前12的国家主导OECD建筑业就业

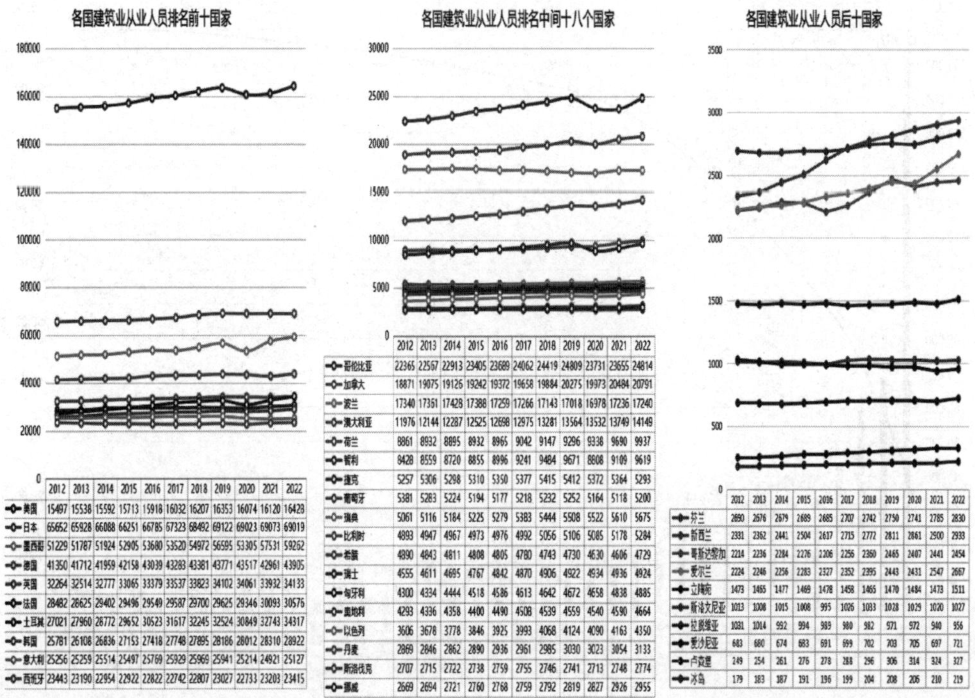

	2012	2013	2014	2015	2016	2017	2018	2019	2020	2021	2022
美国	15497	15538	15592	15713	15918	16032	16207	16353	16074	16120	16428
日本	65652	65928	66088	66251	66785	67323	68492	69122	69023	69073	69019
墨西哥	51229	51787	51924	52905	53680	53520	54972	56595	53305	57531	59262
德国	41350	41712	41959	42158	43039	43283	43381	43771	43517	42961	43905
英国	32264	32514	32777	33065	33379	33537	33823	34102	34061	33932	34133
法国	28482	28625	29402	29496	29549	29587	29700	29625	29346	30093	30576
土耳其	27021	27960	28772	29652	30523	31617	32245	32524	30849	32743	34317
韩国	25781	26108	26836	27153	27418	27748	27895	28186	28012	28310	28922
意大利	25256	25259	25514	25497	25769	25929	25969	25941	25214	24921	25127
西班牙	23443	23190	22954	22922	22822	22742	22807	23027	22733	23203	23415

	2012	2013	2014	2015	2016	2017	2018	2019	2020	2021	2022
哥伦比亚	22365	22567	22913	23405	23689	24062	24419	24809	23731	23655	24814
加拿大	18871	19075	19126	19242	19372	19658	19884	20275	19973	20484	20791
波兰	17340	17351	17428	17388	17259	17266	17143	17018	16978	17236	17240
澳大利亚	11976	12144	12287	12525	12698	12975	13281	13564	13532	13749	14149
荷兰	8861	8932	8895	8932	8965	9042	9147	9296	9338	9690	9937
智利	8428	8559	8720	8855	8996	9241	9484	9671	8808	9109	9619
捷克	5257	5306	5298	5310	5350	5377	5415	5412	5372	5364	5293
葡萄牙	5381	5283	5224	5194	5177	5218	5232	5252	5164	5118	5200
瑞典	5061	5116	5184	5225	5279	5383	5444	5508	5522	5610	5675
比利时	4893	4947	4967	4973	4976	4992	5056	5106	5085	5178	5284
希腊	4890	4843	4811	4808	4805	4780	4743	4730	4630	4606	4729
瑞士	4555	4611	4695	4767	4842	4870	4906	4922	4934	4936	4924
匈牙利	4300	4334	4444	4518	4586	4613	4642	4672	4658	4838	4885
奥地利	4293	4336	4358	4400	4490	4508	4539	4559	4540	4590	4664
以色列	3606	3678	3778	3846	3925	3993	4068	4124	4090	4163	4350
丹麦	2869	2846	2862	2890	2936	2961	2985	3030	3023	3054	3133
斯洛伐克	2707	2715	2722	2738	2759	2755	2746	2741	2713	2748	2774
挪威	2669	2694	2721	2760	2768	2759	2792	2819	2827	2926	2955

	2012	2013	2014	2015	2016	2017	2018	2019	2020	2021	2022
芬兰	2690	2676	2679	2689	2685	2707	2742	2750	2741	2785	2830
新西兰	2331	2362	2441	2504	2617	2715	2772	2811	2861	2900	2933
哥斯达黎加	2214	2236	2284	2276	2206	2256	2360	2465	2407	2441	2454
爱尔兰	2224	2246	2256	2283	2327	2352	2395	2443	2431	2547	2667
立陶宛	1473	1465	1477	1469	1478	1458	1465	1470	1484	1473	1511
斯洛文尼亚	1013	1008	1015	1008	995	1026	1033	1028	1029	1020	1027
拉脱维亚	1031	1014	992	994	989	980	982	971	972	940	956
爱沙尼亚	683	680	674	683	691	699	702	703	705	697	721
卢森堡	249	254	261	276	278	288	296	306	314	324	327
冰岛	179	183	187	191	196	199	204	208	206	210	219

图2-8　OECD各国建筑业从业人数（2012—2022年，单位：千人）

注：因版面过小，无法显示数字的全部位数，具体数值以正文为准。

资料来源：作者整理。

方向，引领建筑业从业人员发展，建筑业从业人数集中度较高。

2.1.4　建筑碳排放有所上升，程度有所放缓

根据2024年《全球建筑与施工现状报告》，2022年，建筑运营阶段和施工阶段产生的CO_2排放量达到新高，占全球CO_2排放总量的37%，略低于10GtCO_2，主要来自建筑运营和材料生产的排放，与电力相关的间接排放增加到6.8GtCO_2，而建筑物的直接排放略下降到3GtCO_2，用于水泥、钢铁和铝的建筑工艺材料的生产又增加了2.5GtCO_2，其中，砖块和玻璃的生产增加了约1.2GtCO_2。从2021年到2022年，每平方米的能源强度提高了3.5%，这主要归功于更好的建筑规范和材料性能。然

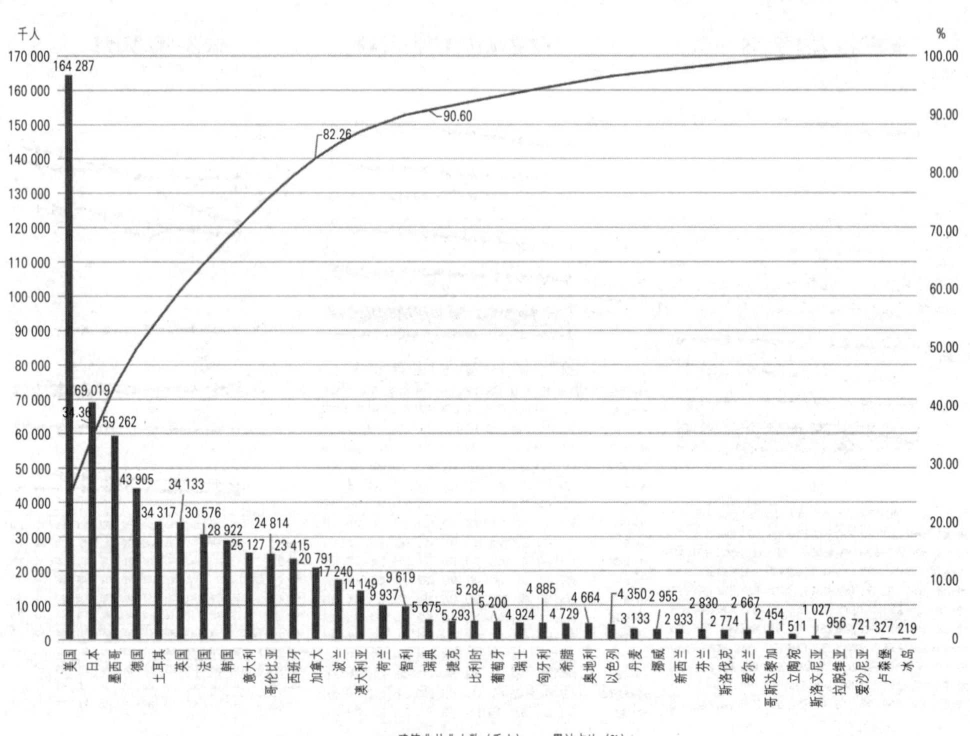

图2-9　2022年OECD各国建筑业从业人数及累计占比

资料来源：作者整理。

而，相当多的国家和地区仍然缺乏建筑能源规范，要实现《巴黎协定》到2030年将碳排放量减少50%的目标，则必须将建筑能源规范改造率提高。

2022年，建筑业为全球最主要的能源消耗者，占最终能源消耗的30%，主要用于供暖和制冷等。电力在建筑物能源使用中的份额已从2010年的30%上升到2022年的35%，尽管从化石燃料转向电力和可再生能源，但自2020年以来，建筑物中化石燃料的使用量以平均每年0.5%的速度增长。

与2021年相比，2022年全球建筑物运行能源的CO_2排放量呈现微增态势，增长了约1%，略低于10GtCO_2，达到新的全球峰值。到2022年，与建筑相关的能源需求产生的排放量约占全球CO_2总排放量的27%（或全球温室气体排放量的21%），据估计，另有7%~9%是由于建筑材料（即混凝土、钢材、铝、玻璃和砖块）的制造产生的，这使得全球建筑和施工行业的能源和工艺相关排放量估计占比达到37%。如果进一步考虑建筑物中使用的其他材料，例如塑料、泡沫、织物和其他软硬材料，那么总体排放比例更大。2022年，建筑运营的直接二氧化碳排放量略有下降，降至3Gt，与2015年至2021年近1%的年均增长率形成鲜明对比。与此同时，2022年建筑运营的间接排放量增加了约1.4%，总计近6.8Gt，可归因于建筑运营对电力的日益依赖。除了建筑运营的直接和间接排放外，2022年2.5GtCO_2与建筑施工有关，包括水泥、钢铁和铝的制造和加工。综上所述，建筑运营和施工产生的排放量占全球能源相关排放量的1/3以上，约为13.6GtCO_2。

自2010年以来全球建筑能源消耗增长了13%，各区域呈现不同的趋势，非洲和亚太地区均增长了27%，中东地区增长了32%，北美洲增长了4%，而欧洲在此期间下降了15%，其中一半的下降主要发生在2021—2022年，总体来看全球建筑能源消耗仍为增长态势，但增速有所放缓。①

2.2 我国与OECD国家建筑业全要素变动分析

2.2.1 各国测度结果与变动分析（2015—2020年）

表2-1展示了我国和33个OECD国家建筑业绿色全要素生产率（GTFP）的测算结果。34个国家建筑业的GTFP均值为1，发达国家建筑业GTFP均值为1.009，发展中国家建筑业GTFP均值为0.943，小于1，发达国家建筑业GTFP高于发展中国家。发达国家中冰岛建筑业GTFP最高，也是34个国家中建筑业GTFP最高的国家，高达1.073，这可能是因为冰岛拥有丰富的地热及水力资源，这些资源为冰岛的建筑业提供了可持续的能源供应以及绿色、低碳的能源选择，减少了碳排放，从

① UN Environment Programme and the Global Alliance for Buildings and Construction.Global status report for buildings and construction（2024）［R］.Nairobi：the Environment Fund，2024.

而提高了建筑业GTFP。其次是爱沙尼亚和荷兰，分别为1.048和1.045。发达国家的经济发展水平较高，大部分国家建筑业GTFP大于1，建筑业绿色发展态势良好。

表2-1 各国建筑业绿色全要素生产率

国家	均值	国家	均值
美国	1.042	斯洛伐克	0.974
日本	1.030	挪威	0.975
德国	1.027	芬兰	1.014
英国	0.980	新西兰	0.988
法国	0.986	爱尔兰	1.021
韩国	1.018	立陶宛	1.026
意大利	1.002	斯洛文尼亚	0.985
西班牙	1.038	拉脱维亚	0.988
波兰	0.966	爱沙尼亚	1.048
荷兰	1.045	卢森堡	0.974
捷克	1.020	冰岛	1.073
葡萄牙	1.005	发达国家	1.009
瑞典	1.006	中国	1.026
比利时	1.011	土耳其	0.921
希腊	0.934	哥伦比亚	0.858
瑞士	1.007	哥斯达黎加	0.965
匈牙利	1.035	发展中国家	0.943
奥地利	1.018	所有国家	1.000
丹麦	1.021		

资料来源：作者整理。

发展中国家里中国建筑业GTFP最高，为1.026，高于34个国家建筑业GTFP均值，这说明中国的绿色建筑业发展状况良好，这可能是因为我国建筑业通过引进新技术和改善现有技术提高了资源利用效率，减少了碳排放，从而提高了绿色全要素生产率。不过，其他3个发展中国家建筑业GTFP均小于1，从整体看，发展中国家的GTFP均值相较于发达国家有一定的差距。

如表2-2所示，发达国家建筑业的绿色效率进步指数（MLEC）均值为1.012，发展中国家均值为0.953，发达国家的MLEC大于发展中国家，说明建筑业效率高于发展中国家。MLEC反映了投入产出的合理性，发达国家的建筑业绿色效率高可能是因为资源丰富，分配更加合理，效率不断提升，加之发达国家在建筑节能方面采取了有效的措施，降低了建筑能耗。发达国家中冰岛建筑业的MLEC均值最高，为1.124，荷兰、美国紧随其后，均为1.051，希腊最低为0.947，大部分发达国家均值都大于1。发展中国家除了中国的建筑业MLEC均值为1.032以外，其他3个国家的建筑业MLEC均小于1，从数据看发展中国家的建筑业MLEC不高，距离所有国家的MLEC均值有一定差距，说明发展中国家建筑业绿色效率仍需进一步提升。

表2-2　　各国建筑业绿色效率进步指数

国家	均值	国家	均值
美国	1.051	斯洛伐克	0.990
日本	1.000	挪威	0.986
德国	1.021	芬兰	1.022
英国	0.981	新西兰	0.995
法国	0.987	爱尔兰	1.028
韩国	1.004	立陶宛	0.994

续表

国家	均值	国家	均值
意大利	1.002	斯洛文尼亚	0.989
西班牙	1.015	拉脱维亚	0.989
波兰	1.000	爱沙尼亚	1.049
荷兰	1.051	卢森堡	1.000
捷克	1.023	冰岛	1.124
葡萄牙	1.009	发达国家	1.012
瑞典	1.014	中国	1.032
比利时	1.019	土耳其	0.922
希腊	0.947	哥伦比亚	0.892
瑞士	1.000	哥斯达黎加	0.967
匈牙利	1.033	发展中国家	0.953
奥地利	1.025	所有国家	1.005
丹麦	1.024		

资料来源：作者整理。

如表2-3所示，从整体看，各国建筑业的绿色技术进步指数（MLTC）均低于绿色效率进步指数，发达国家建筑业的MLTC均值为0.996，高于发展中国家的0.988。发达国家中立陶宛居首，为1.032，其次是日本，为1.030，然后是西班牙、韩国，多数发达国家MLTC均值都小于1。发展中国家建筑业MLTC均值为0.988，4个发展中国家均小于1，且发展中国家与发达国家的MLTC均值差距较小，这表明各国建筑业技术创新水平较为均衡，都有很大提升空间。

表2-3　　各国建筑业绿色技术进步指数

国家	均值	国家	均值
美国	0.991	斯洛伐克	0.984
日本	1.030	挪威	0.989
德国	1.007	芬兰	0.993
英国	0.999	新西兰	0.993
法国	0.998	爱尔兰	0.993
韩国	1.015	立陶宛	1.032
意大利	1.000	斯洛文尼亚	0.996
西班牙	1.022	拉脱维亚	1.000
波兰	0.966	爱沙尼亚	0.999
荷兰	0.994	卢森堡	0.974
捷克	0.997	冰岛	0.955
葡萄牙	0.996	发达国家	0.996
瑞典	0.992	中国	0.995
比利时	0.992	土耳其	0.998
希腊	0.987	哥伦比亚	0.962
瑞士	1.007	哥斯达黎加	0.998
匈牙利	1.002	发展中国家	0.988
奥地利	0.993	所有国家	0.995
丹麦	0.996		

资料来源：作者整理。

综合来看，在发达国家中，希腊建筑业的绿色全要素生产率、绿色效率进步指数以及绿色技术进步指数均处于较低水平，这可能是因为希腊的劳动生产率低下，劳动力投入的产出减少，影响绿色全要素生产率的提升，此外绿色技术的投入也可能存在不足，导致绿色全要素生产率保持在较低水平。而我国的绿色全要素生产率、绿色效率进步指数以及绿色技术进步指数均大于所有国家均值，处于较高水平，建筑业绿色发展态势良好，但是绿色技术进步指数仍有提升空间。

2.2.2 各国建筑业绿色全要素生产率分析

根据测算结果，得到了2015—2020年我国和33个OECD国家整体建筑业绿色全要素生产率及其分解指数，如表2-4和图2-10所示。

表2-4　　2015—2020年34国整体建筑业绿色全要素生产率及分解指数表

年份	绿色全要素生产率（GTFP）	绿色效率进步指数（MLEC）	绿色技术进步指数（MLTC）
2015	0.883	1.018	0.867
2016	0.995	0.97	1.027
2017	1.066	1.037	1.028
2018	1.057	1.005	1.052
2019	0.997	0.984	1.013
2020	1.013	1.016	0.996
均值	1.000	1.005	0.995

资料来源：作者整理。

从表2-4可以看出，一半年份中34个国家整体建筑业GTFP大于1，平均每年增长2.94%，表明2015—2020年建筑业GTFP呈上升态势，建筑业绿色发展越来越好。MLEC在2016年、2019年都小于1，并且从总体来看呈现略微下降的趋势，说明建筑业绿色效率提高难度较大。MLTC比MLEC小，在2015年最低，为0.867，总体上看略有增长，绿色效率进步是各国建筑业绿色发展的重要因素。

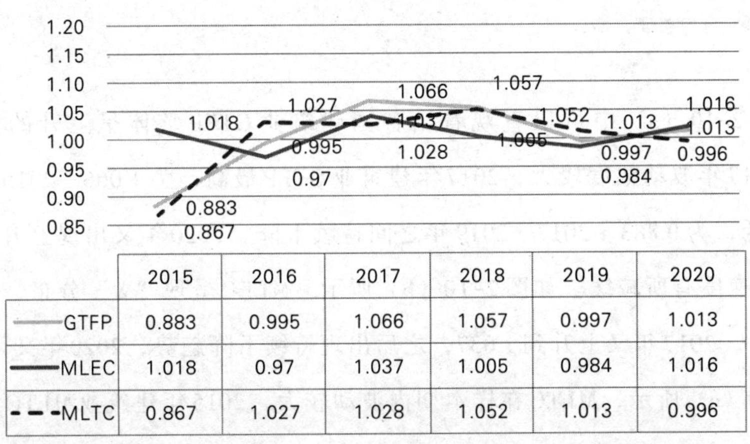

	2015	2016	2017	2018	2019	2020
GTFP	0.883	0.995	1.066	1.057	0.997	1.013
MLEC	1.018	0.97	1.037	1.005	0.984	1.016
MLTC	0.867	1.027	1.028	1.052	1.013	0.996

图2-10　34国整体建筑业GTFP及其分解指数（2015—2020年）

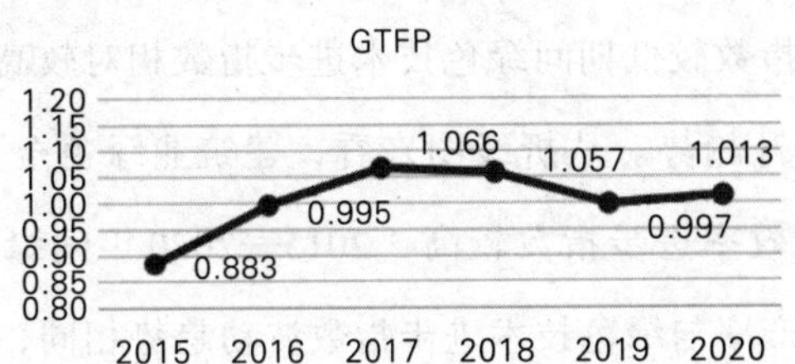

图2-10（a）34国整体建筑业GTFP（2015—2020年）

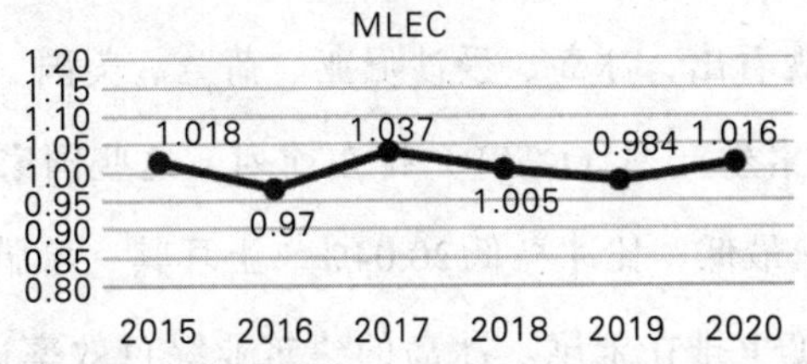

图2-10（b）34国整体建筑业MLEC（2015—2020年）

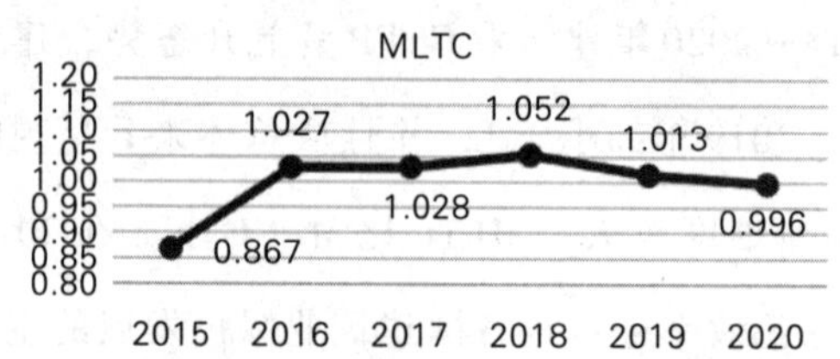

图 2-10（c）34国整体建筑业MLTC（2015—2020年）

资料来源：作者整理。

从图 2-10（a）中可以直观看出各国建筑业 GTFP 整体呈上升的趋势，在 2015—2017 年波动幅度较大，2017 年建筑业 GTFP 最高，为 1.066。2015 年建筑业 GTFP 最低，为 0.883，2017—2019 年之间持续下降，2020 年又出现上升，建筑业绿色发展速度有所减缓。如图 2-10（b）所示，MLEC 呈现“W”分布，2016 年下降到 0.970，2017 年又上升到 1.037，之后出现持续下降趋势，2020 年又开始上升。如图 2-10（c）所示，MLTC 在样本期内波动较大，2015 年建筑业 MLTC 值小于 1，然后在 2016 年高速增长为 1.027，增速为 18.45%，2018—2020 年出现下降趋势，总体趋势是先上升后下降。

在绿色效率进步指数较低期间绿色技术进步指数相对较高，使建筑业绿色全要素生产率整体上呈上升趋势。从折线图来看，建筑业绿色全要素生产率在 2017 年高的主要原因是绿色效率进步指数较高，2015—2020 年间绿色效率进步指数波动较小，绿色全要素生产率与绿色技术进步指数波动趋势相同，说明建筑业技术创新水平不断提高促使绿色技术进步，不过，绿色效率低下限制了建筑业绿色全要素生产率水平，可以通过提高绿色效率进步指数提升建筑业绿色全要素生产率。

从表 2-5 可以直观看出，冰岛、爱沙尼亚、荷兰、美国、西班牙、匈牙利等国家的建筑业绿色全要素生产率（GTFP）排在前列，这些国家都属于发达国家，哥伦比亚的建筑业 GTFP 最低，比冰岛低 20.04%，土耳其、希腊、哥斯达黎加、波兰这些国家的建筑业 GTFP 排在末尾。冰岛的建筑业绿色效率进步指数（MLEC）均值为 1.124，排在首位，荷兰、美国、爱沙尼亚、匈牙利等国家紧随其后，其中 12

个国家小于1，哥伦比亚建筑业MLEC均值最低，同样土耳其、希腊、哥斯达黎加、英国、挪威等国家排在最后，这表明在34个国家中，绿色效率提高是促进建筑业GTFP增长的重要因素。立陶宛、日本、西班牙的建筑业绿色技术进步指数（MLTC）排在前三位，然后是韩国、德国、瑞士、匈牙利等国家，25个国家的建筑业MLTC都小于1，可以看出大多国家的建筑业MLTC不高，有较大的提升空间。

表2-5　各国建筑业绿色全要素生产率（GTFP）及其分解指数均值和排序

国家	GTFP均值	排序	MLEC均值	排序	MLTC均值	排序
中国	1.026	9	1.032	6	0.995	19
美国	1.042	4	1.051	3	0.991	27
日本	1.030	7	1.000	21	1.030	2
德国	1.027	8	1.021	12	1.007	5
英国	0.980	26	0.981	30	0.999	10
法国	0.986	24	0.987	28	0.998	13
土耳其	0.921	33	0.922	33	0.998	14
韩国	1.018	15	1.004	17	1.015	4
意大利	1.002	21	1.002	18	1.000	9
西班牙	1.038	5	1.015	14	1.022	3
哥伦比亚	0.858	34	0.892	34	0.962	33
波兰	0.966	30	1.000	19	0.966	32
荷兰	1.045	3	1.051	2	0.994	20
捷克	1.020	13	1.023	10	0.997	15
葡萄牙	1.005	20	1.009	16	0.996	17
瑞典	1.006	19	1.014	15	0.992	26
比利时	1.011	17	1.019	13	0.992	25
希腊	0.934	32	0.947	32	0.987	29
瑞士	1.007	18	1.000	22	1.007	6

续表

国家	GTFP均值	排序	MLEC均值	排序	MLTC均值	排序
匈牙利	1.035	6	1.033	5	1.002	7
奥地利	1.018	14	1.025	8	0.993	21
丹麦	1.021	12	1.024	9	0.996	16
斯洛伐克	0.974	29	0.990	25	0.984	30
挪威	0.975	27	0.986	29	0.989	28
芬兰	1.014	16	1.022	11	0.993	23
新西兰	0.988	23	0.995	23	0.993	24
哥斯达黎加	0.965	31	0.967	31	0.998	12
爱尔兰	1.021	11	1.028	7	0.993	22
立陶宛	1.026	10	0.994	24	1.032	1
斯洛文尼亚	0.985	25	0.989	27	0.996	18
拉脱维亚	0.988	22	0.989	26	1.000	8
爱沙尼亚	1.048	2	1.049	4	0.999	11
卢森堡	0.974	28	1.000	20	0.974	31
冰岛	1.073	1	1.124	1	0.955	34

资料来源：作者整理。

3 我国省域绿色全要素生产率变动比较分析

本章基于宏观数据研究分析2012—2022年我国省域建筑业总产值、增加值、从业人数、碳排放方面的总体情况，探索我国省域建筑业发展的一般规律。进一步，基于相关数据，应用Deap-xp1软件对我国省域绿色全要素生产率进行测算，揭示其变动情况与特征。

3.1 我国省域建筑业总体情况

3.1.1 总产值持续增加，增速有所放缓

总产值主要用于反映地区或企业的生产规模和总额。建筑业总产值是衡量建筑业生产规模和总额的重要指标，对其进行研究可知建筑业总体发展规模与变动具体情况。

如图3-1所示，首先，中国建筑业总产值由2012年的137 218亿元持续上升至2022年的307 935亿元，年均增长为17 071.7亿元，这表明中国建筑业总产值持续大规模增长；其次，中国建筑业总产值增长率由2012年的17.82%波动下降至2022年的5.07%，这表明中国建筑业总产值增速放缓，建筑业发展规模进入低速增长时期。

如图3-2所示，除辽宁、黑龙江、内蒙古之外，其余省份建筑业总产值均有所增长。其中，江苏省建筑业总产值由2012年的18 424亿元持续上升至2022年的40 660亿元，年均增长2 223.6亿元，以绝对优势位居第一，总产值增长率由2013年的19.38%波动下降至2022年的6.32%，年均增长率为8.34%。建筑业总产值位居第

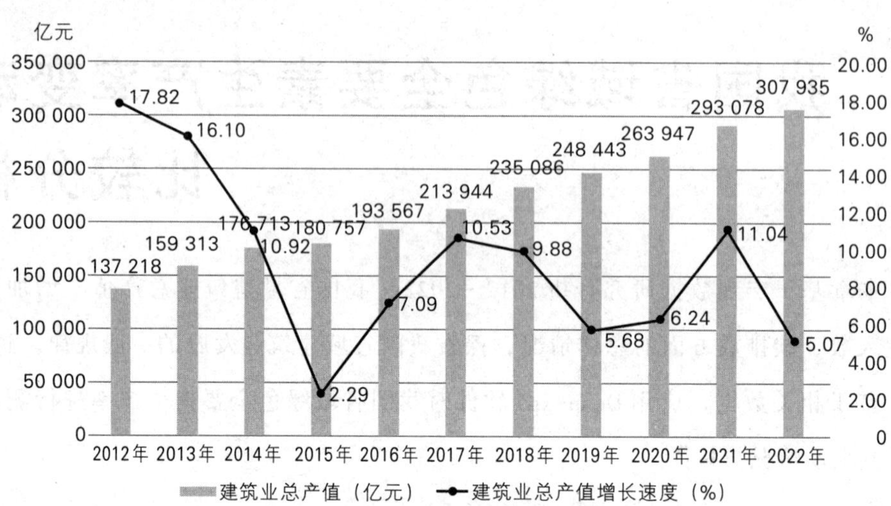

图3-1 中国建筑业总产值及增长速度（2012—2022年）

资料来源：《中国建筑业统计年鉴》，作者整理。

二的浙江省由2012年的17 333亿元持续上升至2018年的28 756亿元，波动下降至2022年的23 861亿元，年均增长652.8亿元，总产值增长率由2013年的16.54%波动下降至2022年的3.69%，年均增长率为4.05%。位居第三的广东省建筑业总产值由2012年的6 514亿元持续上升至2022年的22 957亿元，年均增长1 644.3亿元，总产值增长率由2013年的20.72%波动下降至2022年的7.55%，年均增长率为13.58%（超过江浙），这表明以江苏、浙江、广东为代表的各省份建筑业总产值均有所增长，不过增长率持续放缓，建筑业发展规模进入低速增长时期。

另外，值得注意的是：一方面，建筑业总产值年均增长率排名前三的贵州、广西、福建年均增长率分别为16.82%、14.66%、14.61%，这表明贵州、广西、福建建筑业发展规模扩大程度较高；另一方面，建筑业总产值年均增长率排名后三的辽宁、黑龙江、内蒙古建筑业总产值年均增长率分别为-5.22%、-4.35%、-0.25%，这表明辽宁、黑龙江、内蒙古建筑业发展规模受限。

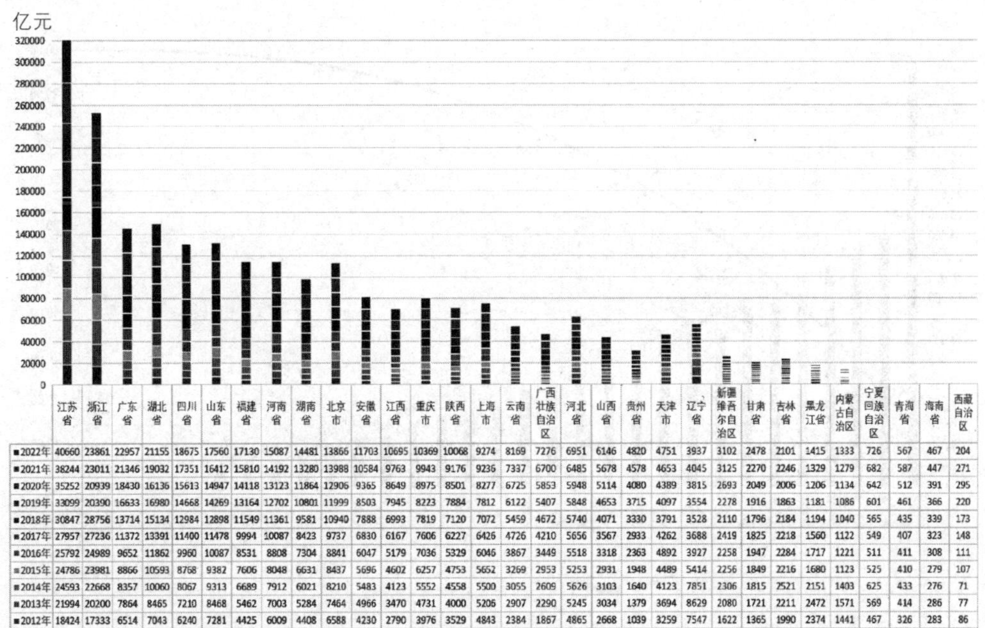

	江苏省	浙江省	广东省	湖北省	四川省	山东省	福建省	河南省	湖南省	北京市	安徽省	江西省	重庆市	陕西省	上海市
■2022年	40660	23861	22957	21155	18675	17560	17130	15087	14481	13866	11703	10695	10369	10068	9274
■2021年	38244	23011	21346	19032	17351	16412	15810	14192	13280	13988	10584	9763	9943	9176	9236
■2020年	35252	20939	18430	16136	15613	14947	14118	13123	11864	12906	9365	8649	8975	8501	8277
■2019年	33099	20390	16633	16980	14668	14269	13164	12702	10801	11999	8503	7945	8223	7884	7812
■2018年	30847	28756	13714	15134	12984	12898	11549	11361	9581	10940	7888	6993	7819	7120	7072
■2017年	27957	27236	11372	13391	11400	11478	9994	10087	8423	9737	6830	6167	7606	6227	6426
■2016年	25792	24989	9652	11862	9960	10087	8531	8808	7304	8841	6047	5179	7036	5329	6046
■2015年	24786	23981	8866	10593	8768	9382	7606	8048	6631	8437	5696	4602	6257	4753	5652
■2014年	24593	22668	8357	10060	8067	9313	6689	7912	6021	8210	5483	4123	5552	4558	5500
■2013年	21994	20200	7864	8465	7210	8468	5462	7003	5284	7464	4966	3470	4731	4000	5206
■2012年	18424	17333	6514	7043	6240	7281	4425	6009	4408	6588	4230	2790	3976	3529	4843

	云南省	广西壮族自治区	河北省	山西省	贵州省	天津市	辽宁省	新疆维吾尔自治区	甘肃省	吉林省	黑龙江省	内蒙古自治区	宁夏回族自治区	青海省	海南省	西藏自治区
■2022年	8169	7276	6951	6146	4820	4751	3937	3102	2478	2101	1415	1333	726	567	467	204
■2021年	7337	6700	6485	5678	4578	4653	4045	3125	2270	2246	1329	1279	682	587	447	271
■2020年	6725	5853	5948	5114	4080	4389	3815	2693	2049	2006	1206	1134	642	512	391	295
■2019年	6122	5407	5848	4653	3715	4097	3554	2278	1916	1863	1181	1086	601	461	366	220
■2018年	5459	4672	5740	4071	3330	3791	3528	2110	1796	2184	1194	1040	565	435	339	173
■2017年	4726	4210	5656	3567	2933	4262	3688	2419	1825	2218	1560	1122	549	407	323	148
■2016年	3867	3449	5518	3318	2363	4892	3927	2258	1947	2284	1717	1221	511	411	308	111
■2015年	3269	2953	5253	2931	1948	4489	5414	2256	1849	2216	1680	1123	525	410	279	107
■2014年	3055	2609	5626	3103	1640	4123	7851	2306	1815	2521	2151	1403	625	433	276	71
■2013年	2907	2290	5245	3034	1379	3694	8629	2080	1721	2211	2472	1571	569	414	286	77
■2012年	2384	1867	4865	2668	1039	3259	7547	1622	1365	1990	2374	1441	467	326	283	86

图3-2　中国各省份建筑业总产值（2012—2022年，单位：亿元）

资料来源：《中国建筑业统计年鉴》，作者整理。

如图3-3所示，江浙两省建筑业总产值占全国建筑业总产值的20.68%，广东、湖北、四川、山东、福建、河南、湖南、北京、安徽、江西、重庆、陕西12个省份建筑业总产值均超过1万亿元，前14个省份建筑业总产值占全国建筑业总产值的79.58%，这表明31个省份中排名前14的省份主导全国建筑业总产值走向，引领建筑业发展，建筑业生产规模集中度较高。

3.1.2　增加值增速放缓，支柱地位稳固

增加值主要用于反映地区或企业生产效率和经济贡献。建筑业增加值是衡量建筑业生产效率和经济贡献的重要指标，对其进行研究可知建筑业生产效率及其对经济贡献程度。

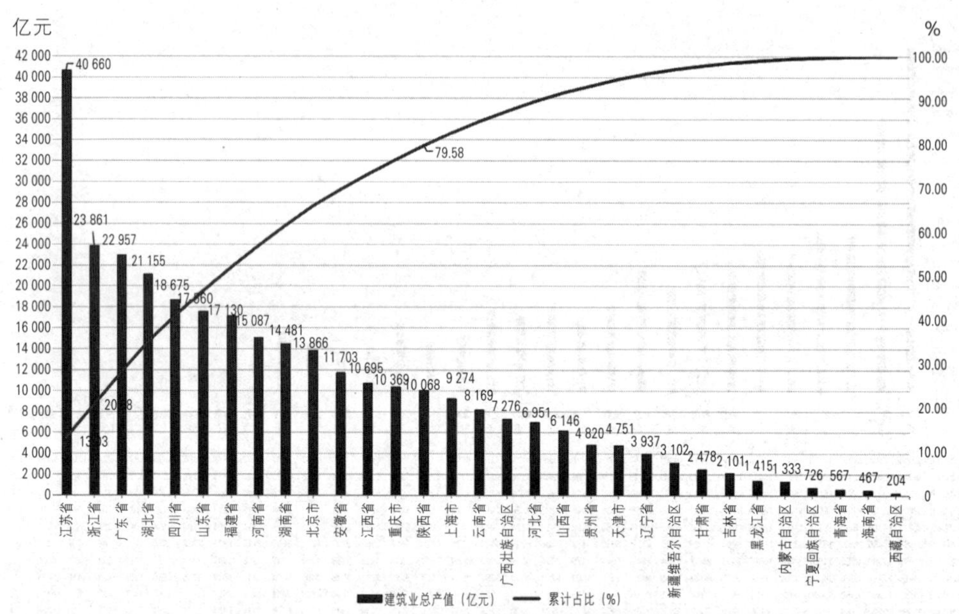

图3-3　2022年中国各省份建筑业总产值及累计占比

资料来源：《中国建筑业统计年鉴》，作者整理。

如图3-4所示，首先，伴随国内生产总值持续增长以及增速下降，中国建筑业增加值由2012年的36 896亿元持续上升至2022年的80 766亿元，年均增加值为4 387亿元，增加值增速由2012年的9.8%波动下降至2022年的2.6%，年均增速为-0.72%，这表明尽管建筑业增加值持续上升，不过增速波动放缓，建筑业生产效率有所降低；其次，从建筑业增加值占国内生产总值的比重来看，2012年至2022年在6.67%~7.27%的较小区间内波动，这表明尽管建筑业生产效率有所降低，不过建筑业对经济贡献程度并没有根本性变化，其在国民经济发展中的产业支柱地位依然稳固。

如图3-5所示，江苏省建筑业增加值由2012年的3 217亿元持续上升至2022年的7 257亿元，年均增长404亿元，以绝对优势位居第一，增加值增长率由2013年的11.71%波动下降至2022年的3.67%，年均增长率为8.58%。山东省建筑业增加值由2012年的2 854亿元持续上升至2022年的6 391亿元，年均增长353.7

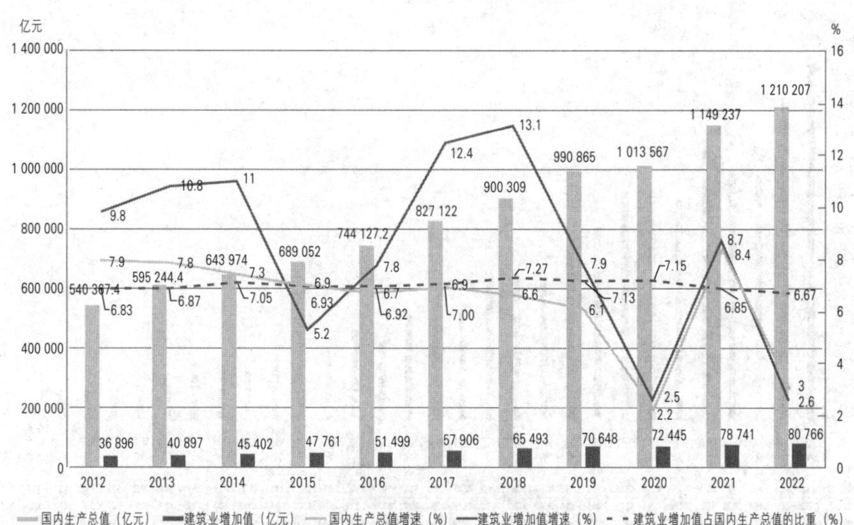

图3-4　中国国内生产总值、建筑业增加值及其增速（2012—2022年）

资料来源：《中国建筑业统计年鉴》，作者整理。

亿元，增加值增长率由2013年的11.72%波动下降至2022年的5.33%，年均增长率为8.46%。广东省建筑业增加值由2012年的1 876亿元持续上升至2022年的5 406亿元，年均增长353亿元，增加值增长率由2013年的20.49%波动下降至2022年的4.61%，年均增长率为11.26%（超过江苏、山东），这表明以江苏、山东、广东为代表的各省份建筑业增加值均有所增长、生产效率较高、对经济贡献度较高，不过增长率持续放缓，建筑业生产效率有所降低。

如图3-6所示，江苏、山东、广东建筑业增加值之和占全国建筑业增加值的23.66%，福建、河南、安徽、四川、浙江、湖南、湖北、云南、重庆、陕西、江西、河北12个省份的建筑业增加值均超过2 300亿元，前15个省份的建筑业增加值占全国建筑业增加值的79.92%，这表明31个省份中排名前15的省份主导全国建筑业增加值走向，引领建筑业生产效率提高，建筑业经济贡献集中度较高。

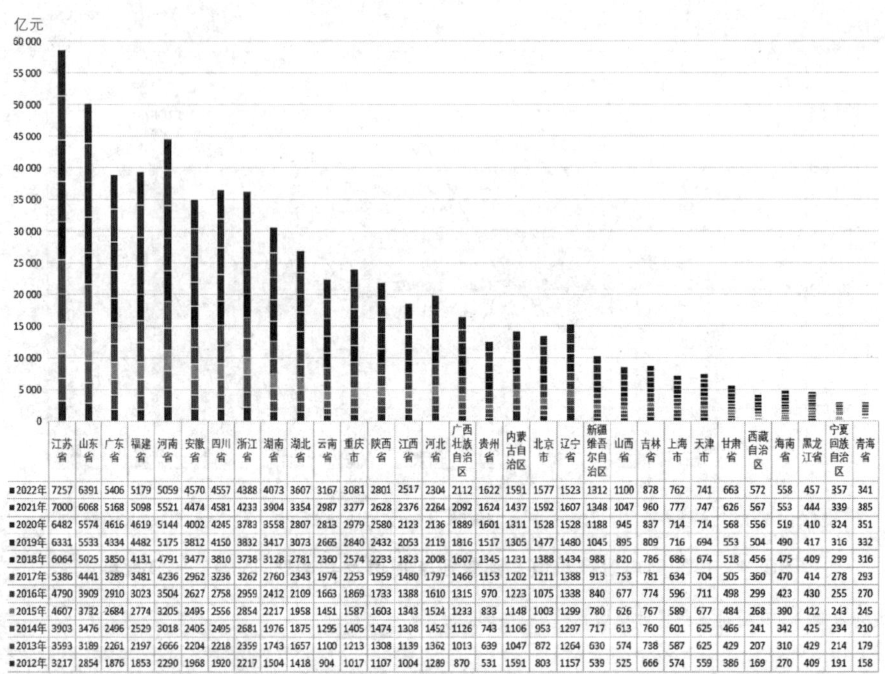

	江苏省	山东省	广东省	福建省	河南省	安徽省	四川省	浙江省	湖南省	湖北省	云南省	重庆市	陕西省	江西省	河北省	广西壮族自治区
2022年	7257	6391	5406	5179	5059	4570	4557	4388	4073	3607	3167	3081	2801	2517	2304	2112
2021年	7000	6068	5168	5098	5521	4474	4581	4233	3904	3354	2987	3277	2628	2376	2264	2092
2020年	6482	5574	4616	4619	5144	4002	4245	3783	3558	2807	2813	2979	2580	2123	2136	1889
2019年	6331	5533	4334	4482	5175	3812	4150	3832	3417	3073	2665	2840	2432	2053	2119	1816
2018年	6064	5025	3850	4131	4791	3477	3810	3738	3128	2781	2360	2574	2233	1823	2008	1607
2017年	5386	4441	3289	3481	4236	2962	3236	3262	2760	2343	1974	2253	1959	1480	1797	1466
2016年	4790	3909	2910	3023	3504	2627	2758	2959	2412	2109	1663	1869	1733	1388	1610	1315
2015年	4607	3732	2684	2774	3205	2495	2556	2854	2217	1958	1451	1587	1603	1343	1524	1233
2014年	3903	3476	2496	2529	3018	2405	2495	2681	1976	1875	1295	1405	1474	1308	1452	1126
2013年	3593	3189	2261	2197	2666	2204	2218	2359	1743	1657	1100	1213	1308	1139	1362	1013
2012年	3217	2854	1876	1853	2290	1968	1920	2217	1504	1418	904	1017	1107	1004	1289	870

	贵州省	内蒙古自治区	北京市	辽宁省	新疆维吾尔自治区	山西省	吉林省	上海市	天津市	甘肃省	西藏自治区	海南省	黑龙江省	宁夏回族自治区	青海省
2022年	1622	1591	1577	1523	1312	1100	878	762	741	663	572	558	457	357	341
2021年	1624	1437	1592	1607	1348	1047	960	777	747	626	567	553	444	339	385
2020年	1601	1311	1528	1528	1188	945	837	714	714	568	556	519	410	324	351
2019年	1517	1305	1477	1480	1045	895	809	716	694	553	504	490	417	316	332
2018年	1345	1231	1388	1434	988	820	786	686	674	518	456	475	409	299	316
2017年	1153	1202	1211	1388	913	753	781	634	704	505	360	470	414	278	293
2016年	970	1223	1075	1338	840	677	774	596	711	498	299	423	430	255	270
2015年	833	1148	1003	1299	780	626	767	589	677	484	268	390	422	243	245
2014年	743	1106	953	1297	717	613	760	601	625	466	241	342	425	234	210
2013年	639	1047	872	1264	630	574	738	587	625	429	207	310	429	214	179
2012年	531	1591	803	1157	539	525	666	574	559	386	169	270	409	191	158

图3-5　中国各省份建筑业增加值（2012—2022年）

资料来源：《中国建筑业统计年鉴》，作者整理。

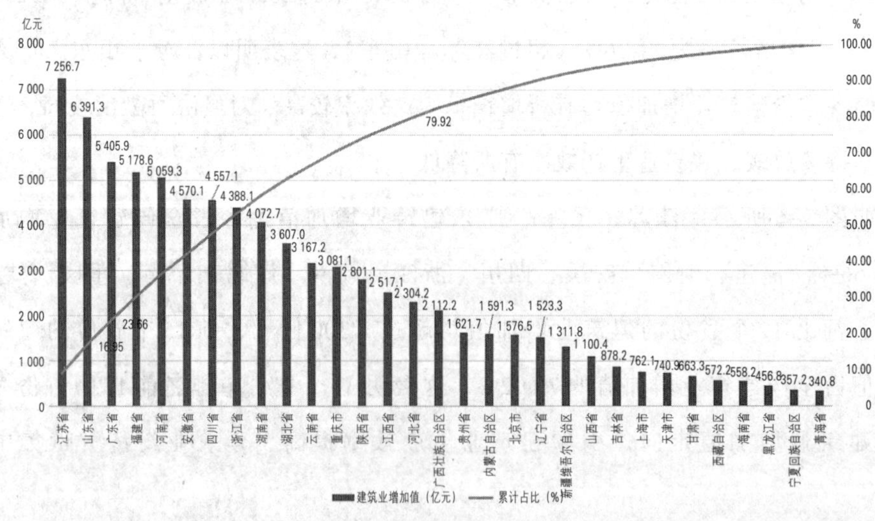

图3-6　2022年中国各省份建筑业增加值及累计占比

资料来源：《中国建筑业统计年鉴》，作者整理。

3.1.3 从业人数有所增加，增速呈现负值

从业人数的变化能够反映出一个地区或行业的经济状况、产业结构变化、就业市场状况以及社会经济发展趋势。建筑业从业人数变化是衡量建筑业发展状况与就业情况的重要指标，对其进行研究可知建筑业发展状况与变化情况。

如图3-7所示，首先，我国建筑业从业人数由2012年的4 267.2万人持续上升至2017年的5 529.6万人，达到最高值，又波动下降至2022年的5 141.6万人，年均增加从业人数87.44万人，这表明建筑业经历持续发展到波动萎缩的转型发展阶段；其次，建筑业从业人数增长率由2012年的10.77%波动下降至2022年的-2.67%，年均增长率为2.79%，且在2020—2022年连续为负，这表明建筑业就业情况有所恶化，建筑业发展受到抑制。

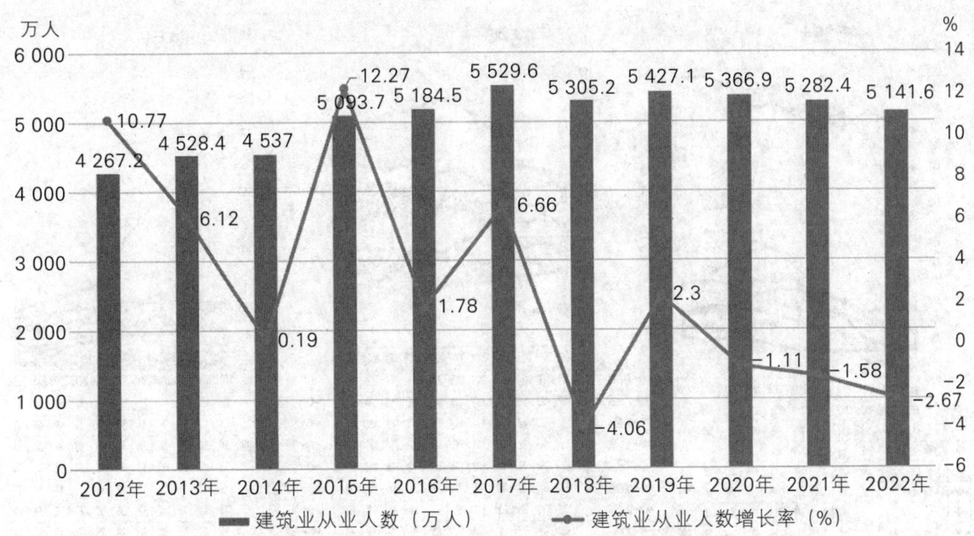

图3-7 中国建筑业从业人数及其增长率（2012—2022年）

资料来源：国家统计局数据，作者整理。

如图3-8所示，2012—2022年，9个省份建筑业从业人数负增长，其余22个省

份建筑业从业人数均有所增加。其中，江苏省建筑业从业人数由2012年的739万人波动上升至2022年的877万人，年均增长13.8万人，以绝对优势位居第一，从业人数增长率由2013年的3.27%波动下降至2022年的-0.25%，年均增长率为1.77%；浙江省建筑业从业人数由2012年的641万人持续上升至2018年的795万人，又波动下降至2022年的494万人，从业人数增长率由2013年的4.72%波动下降至2022年的-8.18%，年均增长率为-2.08%；福建省建筑业从业人数由2012年的185万人持续上升至2020年的483万人，又下降至2022年的471万人，年均增长28.6万人，从业人数增长率由2013年的18.17%波动下降至2022年的-1.45%，年均增长率为10.00%（超过江浙），这表明以江苏、福建为代表的省份建筑业从业人数有所增长，以浙江为代表的省份建筑业从业人数所有减少，伴随建筑业发展规模进入低速增长时期，建筑从业人员数量也逐渐减少。

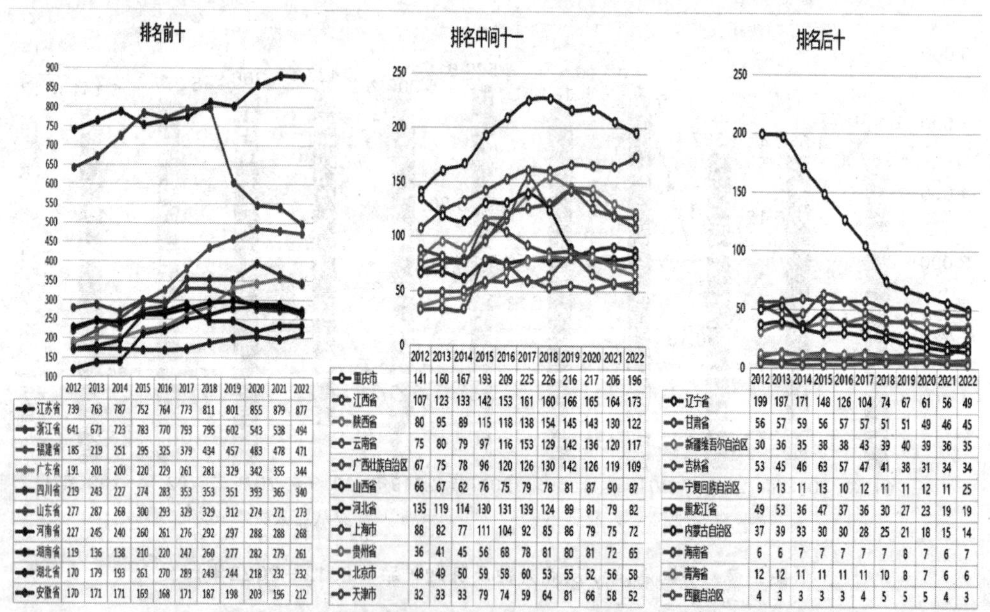

排名前十	2012	2013	2014	2015	2016	2017	2018	2019	2020	2021	2022
江苏省	739	763	787	752	764	773	811	801	855	879	877
浙江省	641	671	723	783	770	793	795	602	543	538	494
福建省	185	219	251	295	325	379	434	457	483	478	471
广东省	191	201	200	220	229	261	281	329	342	355	344
四川省	219	243	227	274	283	353	353	351	393	365	340
山东省	277	287	268	300	293	329	329	312	274	271	273
河南省	227	245	240	260	261	276	292	297	288	288	268
湖南省	119	136	138	210	220	247	260	277	282	279	261
湖北省	170	179	193	261	270	289	243	244	218	232	232
安徽省	170	171	171	169	168	171	187	198	203	196	212

排名中间十一	2012	2013	2014	2015	2016	2017	2018	2019	2020	2021	2022
重庆市	141	160	167	193	209	225	226	216	217	206	196
江西省	107	123	133	142	153	161	160	166	165	164	173
陕西省	80	95	89	115	118	138	154	145	143	130	122
云南省	75	80	79	97	116	153	129	142	136	120	117
广西壮族自治区	67	75	78	96	120	126	130	142	126	119	109
山西省	66	67	62	76	75	79	78	81	87	90	87
河北省	135	119	114	130	131	139	124	89	81	79	82
上海市	88	82	77	111	104	92	85	86	79	75	72
贵州省	36	41	45	56	68	78	81	80	81	72	65
北京市	48	49	50	59	58	60	53	55	52	56	58
天津市	32	33	33	79	74	59	64	81	66	58	52

排名后十	2012	2013	2014	2015	2016	2017	2018	2019	2020	2021	2022
辽宁省	199	197	171	148	126	104	74	67	61	56	49
甘肃省	56	57	59	56	57	57	51	51	49	46	45
新疆维吾尔自治区	30	36	35	38	38	43	39	40	39	36	35
吉林省	53	45	46	63	57	47	41	38	31	34	34
宁夏回族自治区	9	13	11	13	10	12	11	11	12	11	25
黑龙江省	49	53	36	47	37	36	30	27	23	19	19
内蒙古自治区	37	39	33	30	30	28	25	21	18	15	14
海南省	6	6	7	7	7	7	7	8	7	6	7
青海省	12	12	11	11	11	11	10	8	7	6	6
西藏自治区	4	3	3	3	3	4	5	5	5	4	3

图3-8 中国各省份建筑业从业人数（2012—2022年，单位：万人）

资料来源：国家统计局数据，作者整理。

如图3-9所示，江苏、浙江、福建三省建筑业从业人数之和占全国的26.67%，广东、四川、山东、河南、湖南、湖北、安徽、重庆、江西、陕西10个省份的建筑业从业人数均超过120万人，前13个省份建筑业从业人数占全国的80.55%，这表明31个省份中排名前13的省份主导全国建筑业就业方向，引领建筑业从业人员发展，建筑业从业人数集中度较高。

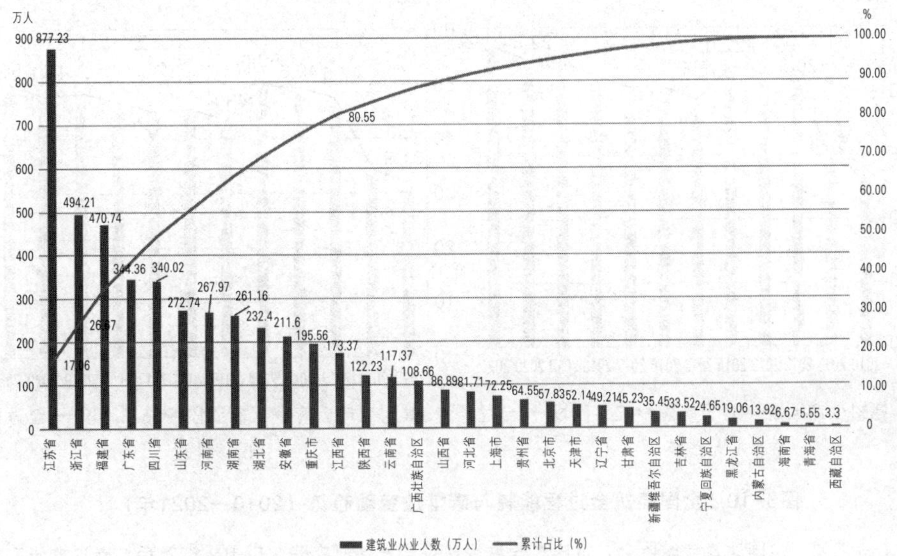

图3-9　2022年中国各省份建筑业从业人数及累计占比

资料来源：国家统计局数据，作者整理。

3.1.4　建筑碳排放持续增加，分阶段增速放缓

如图3-10（a）所示，2010—2021年，中国建筑全过程能耗由13.5亿tce上升至23.5亿tce，增长约0.7倍，年均增速为5.2%。“十二五”和“十三五”期间的年均增速分别为7.3%和3.2%。2021年全国建筑全过程能耗较2020年同比增长4.5%。2010—2015年的能耗波动是由此阶段建材生产运输碳排放的巨幅变动引起的。[①]

① 中国建筑节能协会，重庆大学城乡建设与发展研究院．中国建筑能耗与碳排放研究报告（2023年）[EB/OL]．(2024-08-08)[2024-11-26].https：//max.book118.com/html/2024/0807/5342133131011304.shtm.

如图3-10（b）所示，2010—2021年，全国建筑全过程碳排放由31.9亿tCO_2上升至50.1亿tCO_2，增长约57%，年均增速为4.2%。分阶段碳排放增速明显放缓，“十二五”和“十三五”期间年均增速分别为6.4%和2.0%，2021年全国建筑全过程碳排放较2020年同比增长4.3%。

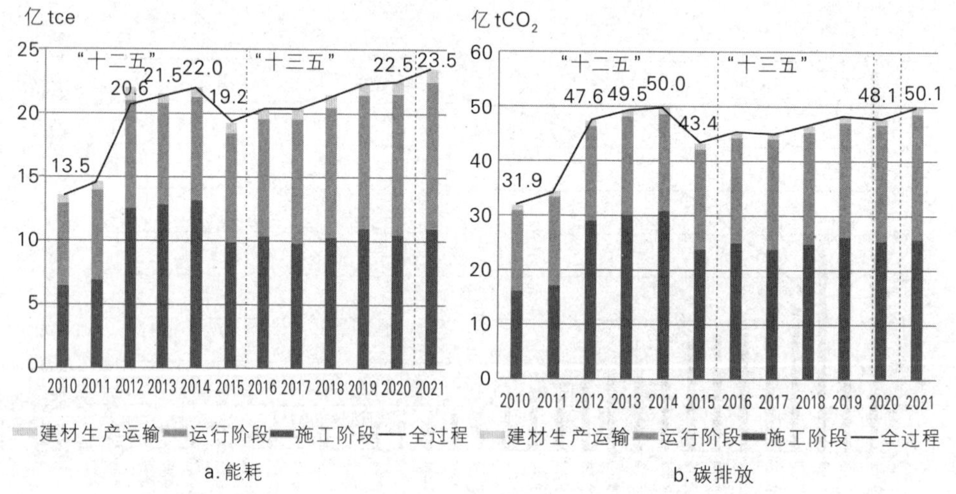

图3-10 全国建筑全过程能耗与碳排放变动趋势（2010—2021年）①

资料来源：中国建筑节能协会，重庆大学城乡建设与发展研究院. 中国建筑能耗与碳排放研究报告（2023年）。

2021年全国建筑全过程能耗总量为23.5亿tce，占全国能源消费总量的比重为44.7%。其中：建材生产运输阶段能耗11.0亿tce，占全国能源消费总量的比重为20.9%；建筑施工阶段能耗1.0亿tce，占全国能源消费总量的比重为1.9%；建筑运行阶段能耗11.5亿tce，占全国能源消费总量的比重为21.9%。②

---

① 中国建筑节能协会，重庆大学城乡建设与发展研究院. 中国建筑能耗与碳排放研究报告（2023年）[EB/OL].（2024-08-08）[2024-11-26].https：//max.book118.com/html/2024/0807/5342133131011304.shtm.

② 中国建筑节能协会，重庆大学城乡建设与发展研究院. 中国建筑能耗与碳排放研究报告（2023年）[EB/OL].（2024-08-08）[2024-11-26].https：//max.book118.com/html/2024/0807/5342133131011304.shtm.

2021年全国建筑全过程碳排放总量为50.1亿tCO_2，占全国能源相关碳排放的比重为47.1%。其中：建材生产运输阶段碳排放26.0亿tCO_2，占全国能源相关碳排放总量的比重为24.4%；建筑施工阶段碳排放1.1亿tCO_2，占全国能源相关碳排放总量的比重为1.0%；建筑运行阶段碳排放23.0亿tCO_2，占全国能源相关碳排放总量的比重为21.6%。①

如图3-11所示，2010—2021年，各省份碳排放总量的变化趋势存在明显的差异，大多数省份如江苏、浙江、安徽、福建、江西、山东、广东等上升趋势明显，说明这些省份面临着较大的碳达峰压力；少数省份如北京、内蒙古、吉林、黑龙江、上海、重庆、四川等进入平台期或表现出较低的增速。②

如图3-12所示，2021年全国建筑运行阶段碳排放总量为23.0亿tCO_2，各省份建筑运行碳排放总量差异表现明显。建筑运行碳排放超过1亿tCO_2的省份为山东、广东、河北、辽宁、江苏、浙江和黑龙江，上述7省的排放总量之和占全国建筑运行碳排放总量的45%；海南、青海和宁夏的排放总量均不足2 000万tCO_2。造成各省份建筑碳排放总量差异巨大的主要原因是人口数、地区生产总值、所处气候区、用能结构和区域电网平均碳排放因子的差异较大。一般来看，人口数量越多、地区生产总值越大、清洁发电占比越低的地区，其建筑碳排放总量就越高；受冬季采暖的影响，相同人口规模或相同建筑体量下，北方省份建筑运行阶段的碳排放总量更高。③

---

① 中国建筑节能协会，重庆大学城乡建设与发展研究院．中国建筑能耗与碳排放研究报告（2023年）[EB/OL]．(2024-08-08)[2024-11-26]．https：//max. book118. com/html/2024/0807/5342133131011304. shtm.

② 中国建筑节能协会，重庆大学城乡建设与发展研究院．中国建筑能耗与碳排放研究报告（2023年）[EB/OL]．(2024-08-08)[2024-11-26]．https：//max. book118. com/html/2024/0807/5342133131011304. shtm.

③ 中国建筑节能协会，重庆大学城乡建设与发展研究院．中国建筑能耗与碳排放研究报告（2023年）[EB/OL]．(2024-08-08)[2024-11-26]．https：//max. book118. com/html/2024/0807/5342133131011304.shtm.

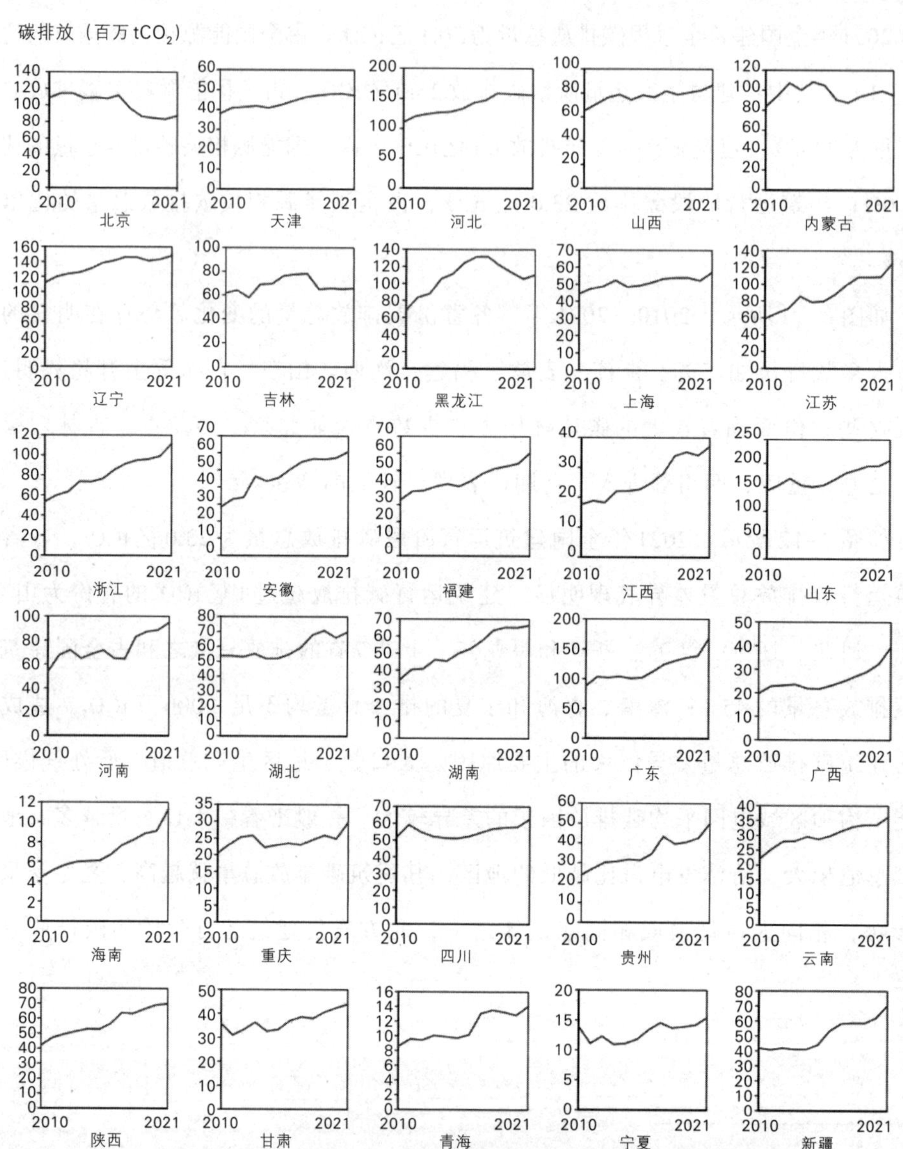

图3-11 30个省份建筑运行碳排放总量的变化趋势（2010—2021年）①

资料来源：中国建筑节能协会，重庆大学城乡建设与发展研究院．中国建筑能耗与碳排放研究报告（2023年）。

① 中国建筑节能协会，重庆大学城乡建设与发展研究院．中国建筑能耗与碳排放研究报告（2023年）［EB/OL］．（2024-08-08）［2024-11-26］.https：//max.book118.com/html/2024/0807/5342133131011304.shtm.

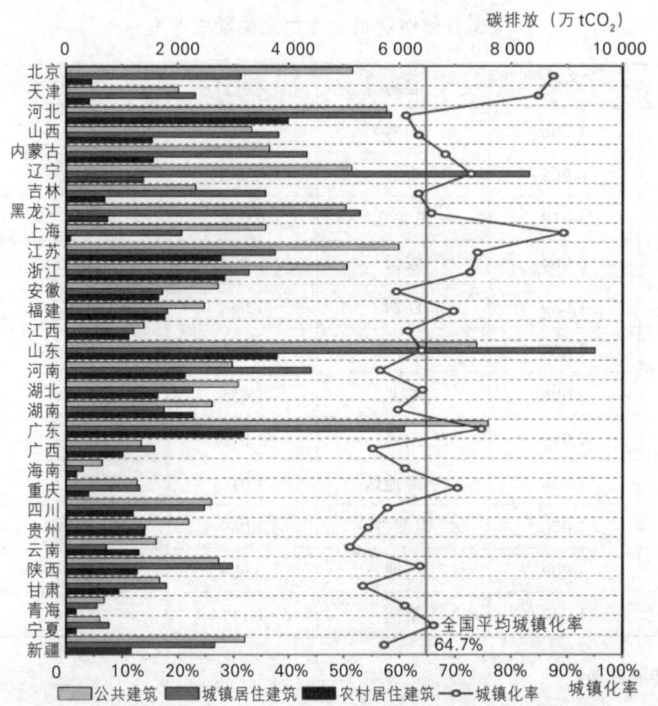

图3-12　2021年分省份分建筑类型建筑运行碳排放①

资料来源：中国建筑节能协会，重庆大学城乡建设与发展研究院．中国建筑能耗与碳排放研究报告（2023年）

3.2　我国省域建筑业全要素变动分析

3.2.1　总体测度结果与变动分析（2015—2019年）

根据测算的结果，分别得出中国各省份建筑业绿色全要素生产率（见表3-1）、绿色效率进步指数（见表3-2）和绿色技术进步指数（见表3-3）。

① 中国建筑节能协会，重庆大学城乡建设与发展研究院．中国建筑能耗与碳排放研究报告（2023年）[EB/OL]．(2024-08-08) [2024-11-26] .https：//max.book118.com/html/2024/0807/5342133131011304.shtm.

表3-1 中国各省份建筑业绿色全要素生产率

省份	均值	省份	均值	省份	均值
北京	1.208	山西	1.012	四川	1.093
天津	0.905	吉林	0.958	贵州	1.043
河北	1.018	黑龙江	0.909	云南	1.097
辽宁	0.964	安徽	1.077	陕西	1.029
上海	1.039	江西	1.043	甘肃	0.956
江苏	1.067	河南	1.060	青海	1.058
浙江	1.006	湖北	1.055	宁夏	0.987
福建	1.099	湖南	1.010	新疆	0.973
山东	1.068	中部地区	1.016	西部地区	1.029
广东	1.076	内蒙古	1.069	全国	1.028
海南	1.009	广西	0.904		
东部地区	1.042	重庆	1.111		

资料来源：作者整理。

表3-2 中国各省份建筑业绿色效率进步指数

省份	均值	省份	均值	省份	均值
北京	1.000	山西	0.997	四川	1.015
天津	0.911	吉林	0.944	贵州	1.016
河北	0.998	黑龙江	0.920	云南	1.016
辽宁	0.950	安徽	1.020	陕西	1.000
上海	1.012	江西	1.008	甘肃	0.950
江苏	1.009	河南	1.030	青海	1.042
浙江	1.000	湖北	1.000	宁夏	0.996
福建	1.000	湖南	1.000	新疆	0.978
山东	1.022	中部地区	0.990	西部地区	1.001
广东	1.021	内蒙古	1.001	全国	0.995
海南	1.000	广西	1.000		
东部地区	0.993	重庆	1.000		

资料来源：作者整理。

表3-3　　中国各省份建筑业绿色技术进步指数

省份	均值	省份	均值	省份	均值
北京	1.208	山西	1.015	四川	1.077
天津	0.994	吉林	1.015	贵州	1.027
河北	1.020	黑龙江	0.988	云南	1.08
辽宁	1.014	安徽	1.056	陕西	1.029
上海	1.028	江西	1.035	甘肃	1.007
江苏	1.058	河南	1.029	青海	1.016
浙江	1.006	湖北	1.055	宁夏	0.990
福建	1.099	湖南	1.01	新疆	0.995
山东	1.046	中部地区	1.025	西部地区	1.028
广东	1.054	内蒙古	1.068	全国	1.034
海南	1.009	广西	0.904		
东部地区	1.049	重庆	1.111		

如表3-1所示，我国建筑业绿色全要素生产率（GTFP）均值为1.028，大于1，这说明我国建筑业整体的绿色发展水平较高。其中东部地区的建筑业GTFP均值为1.042，中部地区均值为1.016，西部地区均值为1.029，东部地区的建筑业GTFP高于中、西部地区。东部地区中北京建筑业GTFP最高，也是全国最高的省份，为1.208，这可能是因为北京先行推动政策，实施绿色工程，执行绿色建筑标准，采用更环保的材料，从而减少了碳排放。东部地区一直以来保持较高的经济发展水平，并不断进行科技创新，GTFP均值大于其他两个地区，建筑业绿色发展态势良好。

中部地区中安徽建筑业GTFP最高，为1.077，表明安徽的绿色建筑业发展状况较好，河南、湖北、江西紧随其后，其原因可能是安徽优化产业结构，使产业结构更加合理，再加上中部崛起计划，以及前面所述的湖北、河南建筑业从业人员超过百万，形成了一定的人口红利。

西部地区中重庆建筑业GTFP高居第一，云南、四川紧随其后，广西的建筑业绿色全要素生产率最低，为0.904，除广西、新疆、宁夏和甘肃外，其余省份GTFP均大于1。重庆的GTFP已经超过了全国平均水平，并且西部地区的建筑业GTFP增速也超过了中部地区。

如表3-2所示，从总体看，东部地区的建筑业绿色效率进步指数（MLEC）均值为0.993，中部地区均值为0.990，西部地区均值为1.001，其中东部、西部地区的MLEC大于中部地区，说明建筑业效率高于中部地区。MLEC反映了投入产出的合理性，东部和西部地区的建筑业绿色效率高使资源分配更加合理，效率不断提升，而中部地区在技术进步方面相对落后，从而影响了MLEC。东部地区中山东的建筑业MLEC均值最高，为1.022，广东、上海紧随其后，其中天津最低，为0.911，从数据看东部地区的建筑业MLEC不高，省份之间的差距较大，MLEC高的地区应该带动提升相邻地区建筑业的绿色发展，提高建筑业绿色效率仍是东部地区的重要目标。中部地区中河南最高为1.030，接着是安徽1.020，江西1.008，这可能是由于中部地区严格落实低碳发展理念，合理配置建筑业生产要素，进而提高了MLEC。西部地区的建筑业MLEC均值为1.001，水平居于东部与中部之上，各省份的MLEC均值较高，说明建筑业整体投入产出规模相对合理。青海、贵州与云南的MLEC排在前列，而甘肃、新疆的绿色效率较低，不同省份间的差距不大，各省份发展较为均衡。全国建筑业的MLEC均值为0.995，小于1，说明我国总体建筑业绿色效率水平偏低，仍有很大的提升空间。

从表3-3可以看出建筑业绿色技术进步指数（MLTC）明显高于建筑业绿色效率进步指数，说明建筑业绿色技术进步是促进GTFP提高的重要因素。东部地区的建筑业MLTC高于中、西部地区，东部地区均值为1.049，其中北京居首为1.208，远高于其他省份，除了天津之外，东部地区的其他省份MLTC均大于1，可以看出这些东部省份的建筑业技术进步非常快，为建筑业生产效率提高作出了重要贡献。中部地区建筑业MLTC均值为1.025，安徽、湖北相对较高，但是整个中部地区的MLTC差距很小，说明中部各省份建筑业技术创新水平较为均衡，但仍有提升空间。西部地区建筑业MLTC介于东部与中部之间，均值为1.028，其中重庆的MLTC第一为1.111，其次是云南的1.080，数据上看西部地区的建筑业技术进步水平已经超过了中部地区，但是差距不大，和东部地区仍有一定的差距，西部地区的建筑业生产技术效率仍有很大提升空间。

3.2.2 全国建筑业绿色全要素生产率分析

根据测算结果，得到了2015—2019年中国建筑业绿色全要素生产率及其分解指数，如表3-4、图3-13所示。

如表3-4所示，除2015年以外，其余年份的建筑业GTFP均大于1，且平均每年增长3.52%，表明2015—2019年来建筑业绿色发展持续向好，建筑业GTFP呈现上升趋势，我国建筑业高质量绿色发展前景良好。一方面，从总体看绿色效率进步指数不高，绿色效率进步指数在2015、2017、2018年均小于1，说明建筑业效率有待进一步提升。另一方面，从总体看绿色技术进步指数明显高于绿色效率进步指数，呈现上升趋势，在2018年达到1.110，不过2019年有所下降，这表明技术进步是建筑业绿色发展的重要因素。

表3-4　　2015—2019年中国建筑业绿色全要素生产率及分解指数表

年份	绿色全要素生产率	绿色效率进步指数	绿色技术进步指数
2015	0.923	0.994	0.929
2016	1.051	1.016	1.035
2017	1.050	0.989	1.062
2018	1.070	0.964	1.110
2019	1.053	1.012	1.041
均值	1.028	0.995	1.034

资料来源：作者整理。

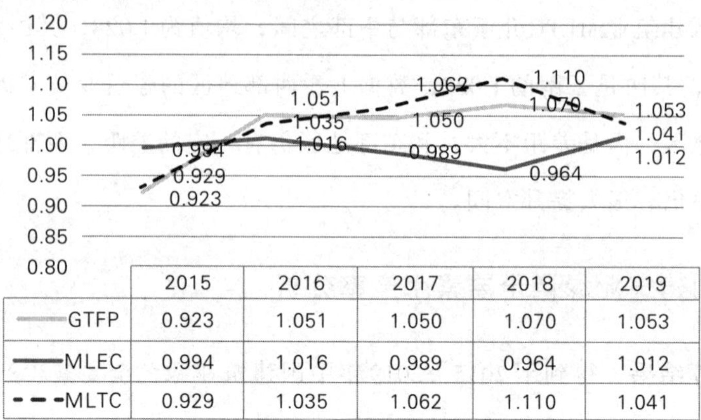

	2015	2016	2017	2018	2019
GTFP	0.923	1.051	1.050	1.070	1.053
MLEC	0.994	1.016	0.989	0.964	1.012
MLTC	0.929	1.035	1.062	1.110	1.041

图3-13　中国建筑业GTFP及其分解指数（2015—2019年）

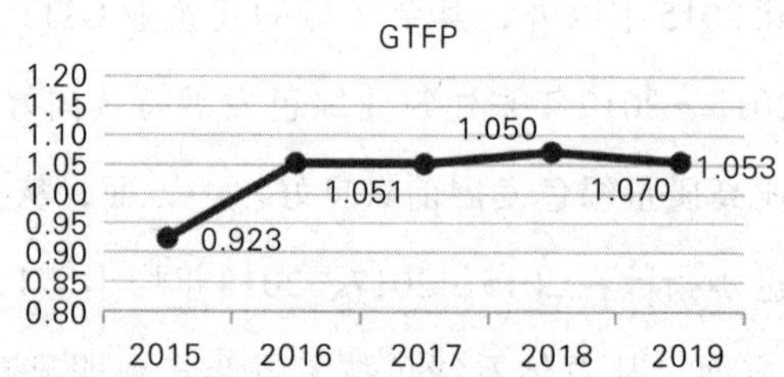

图3-13（a）中国建筑业GTFP（2015—2019年）

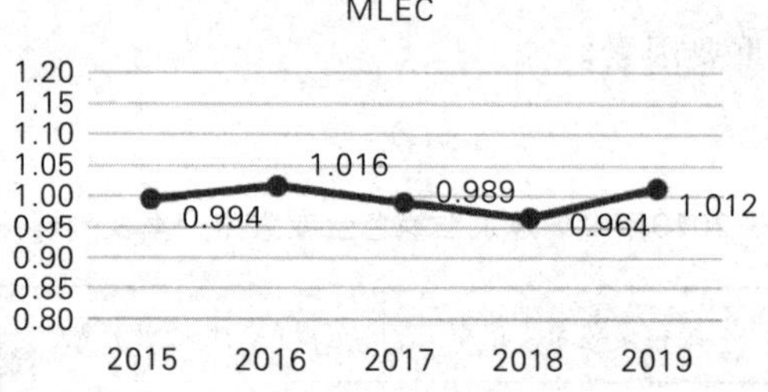

图3-13（b）中国建筑业MLEC（2015—2019年）

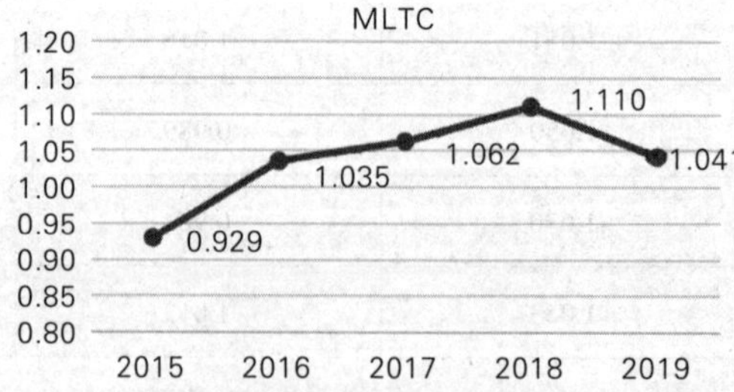

图3-13（c）中国建筑业MLTC（2015—2019年）

资料来源：作者整理。

如图3-13所示，我国建筑业绿色全要素生产率（GTFP）从2016年开始大于1，在2015—2016年波动幅度较大，2018年建筑业GTFP最高为1.070，这一年GTFP猛增可能是因为节能减排等政策的出台和实施，建筑业绿色低碳发展力度加大，建筑业绿色全要素生产率整体呈上升趋势。除2015年建筑业GTFP最低，为0.923之外，其余年份建筑业GTFP均大于1，呈现上升、下降交替波动的趋势，但总体上升。从分解指数看，绿色效率进步指数与绿色技术进步指数均呈上升的趋势，表明建筑业绿色发展在稳步进行。

一方面，从绿色效率进步指数（MLEC）看，MLEC在样本期内波动较大，2016与2019年建筑业MLEC值大于1，其余都小于1，2019年增速最高为4.98%，MLEC的总体趋势是先上升后下降再上升。另一方面，从绿色技术进步指数（MLTC）看，其相较于MLEC处于较高的水平，除2015年以外均大于1，2018年达到最大值1.110，2019年有所下降，2016年增速最高为11.4%。在MLEC较低期间MLTC相对较高，使建筑业绿色全要素生产率始终保持上升趋势。

从总体看，建筑业绿色全要素生产率在2016—2020年升高的主要原因是绿色技术进步指数较高，说明建筑业技术创新水平不断提高促使绿色技术进步，助推建筑业绿色全要素生产率提升。不过，建筑业绿色效率低下限制了我国建筑业绿色全要素生产率整体水平提升，应通过提高绿色纯技术效率与绿色规模效率来提高绿色技术效率，从而提升建筑业绿色全要素生产率。

3.2.3 区域建筑业绿色全要素生产率分析

参考其他学者的研究，本书将全国30个省份分为东部、中部和西部三大地区，对建筑业绿色全要素生产率及其分解指数进行分析。

从整体看，如表3-5和图3-14所示，我国东、中、西三大地区的建筑业绿色全要素生产率（GTFP）在2016—2019年都大于1，尤其在2018、2019年较高，2019年达到峰值1.106。2016年建筑业GTFP大幅提高，2019年中部和西部建筑业GTFP均达到了最高。东部地区的建筑业GTFP在2015—2019年增长了5.01%，中部地区增长了20.16%，西部地区增长了19.70%，东部地区增长幅度小于中西部地区。

从东部地区看，如图3-14（a）所示，东部地区建筑业GTFP在2015—2018年呈上升趋势，在2019年有所下降，2018年达到最大值1.101，尽管东部地区增长幅度小于中西部地区，不过东部地区GTFP均值仍为最高。

从中部地区看，如图3-14（b）所示，中部地区波动较为平缓，除2015年小于1外，其他年份均大于1。2015—2016年快速上升，2017—2019年出现持续上升趋势，并在2019年达到最大值1.067，说明中部地区近年建筑业绿色发展持续向好，并取得了良好效果。

从西部地区看，如图3-14（c）所示，西部地区建筑业GTFP波动相对较大，2015年西部建筑业GTFP最小为0.924，2015—2016年GTFP呈上升趋势，随后在2016—2017年出现下降，2017—2019年持续上升，西部地区的建筑业GTFP在样本期内呈上升趋势。

表3-5 2015—2019年我国三大地区建筑业绿色全要素生产率

地区	2015	2016	2017	2018	2019
东部	0.957	1.053	1.096	1.101	1.005
中部	0.888	1.045	1.044	1.055	1.067
西部	0.924	1.059	1.020	1.067	1.106

资料来源：作者整理。

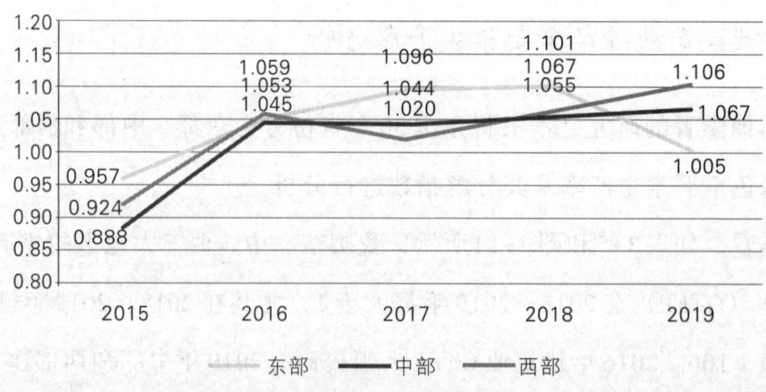

图3-14 东中西部建筑业GTFP（2015—2019年）

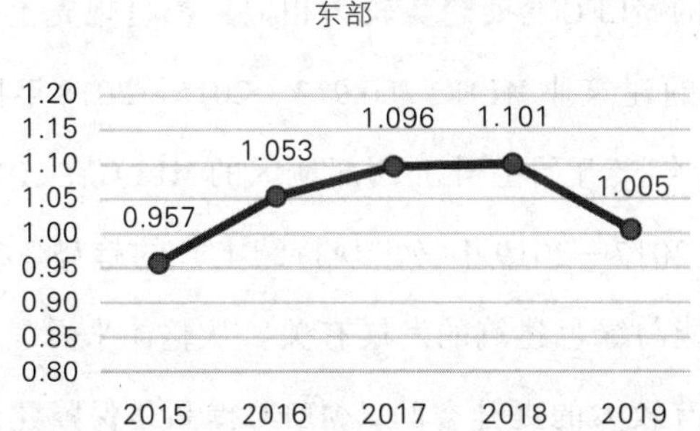

图3-14（a）东部建筑业GTFP（2015—2019年）

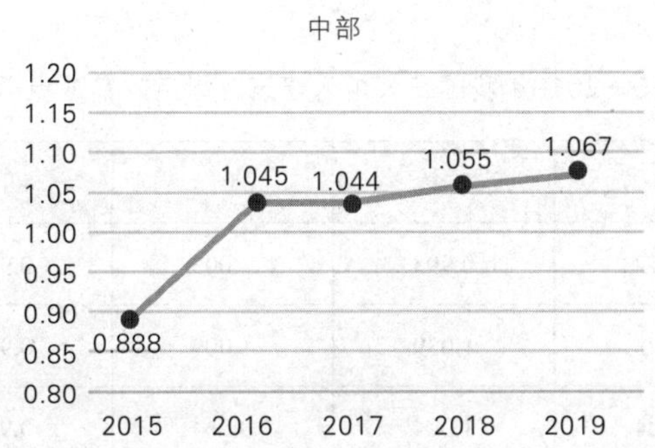

图3-14（b）中部建筑业GTFP（2015—2019年）

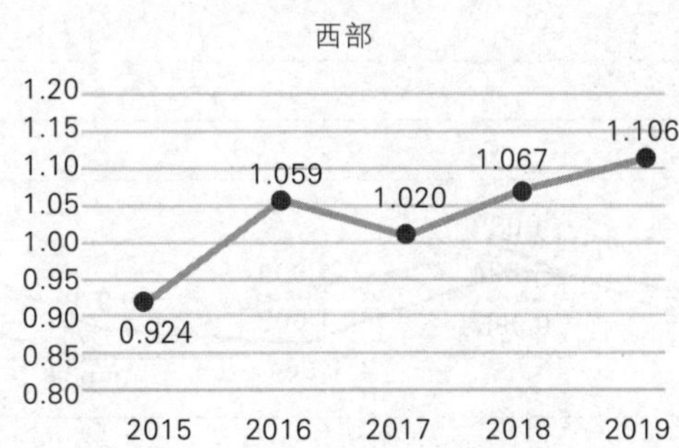

图3-14（c）西部建筑业GTFP（2015—2019年）

资料来源：作者整理。

从表3-6和图3-15来看，东部地区的建筑业绿色效率进步指数（MLEC）呈扁平的W形，从2015年的1.012下降到2016年的0.995，2018年达到最低，总体来看呈下降趋势，绿色效率出现退步并且阻碍了建筑业绿色全要素生产率提升。

中部地区与西部地区的MLEC变动趋势较为相似，都呈现先上升后下降再上升的趋势。2015年中部地区的建筑业MLEC为0.973，2016—2018年持续下降，2018年达到最小值0.948，2019年又开始上升。西部地区的MLEC在2016年开始下降，2017年达到最小值0.964，2017—2019年又出现持续上升的趋势。2016年中、西部建筑业绿色效率的下降可能与绿色建筑的发展有关。从整体来看，三大地区的建筑业绿色效率水平较低，仍有较大的提升空间，MLEC提高是保障建筑业未来健康可持续发展的重要因素。

表3-6　　2015—2019年我国三大地区建筑业绿色效率进步指数

地区	2015	2016	2017	2018	2019
东部	1.012	0.995	1.003	0.971	0.994
中部	0.973	1.039	1.009	0.948	0.992
西部	1.004	1.024	0.964	0.978	1.055

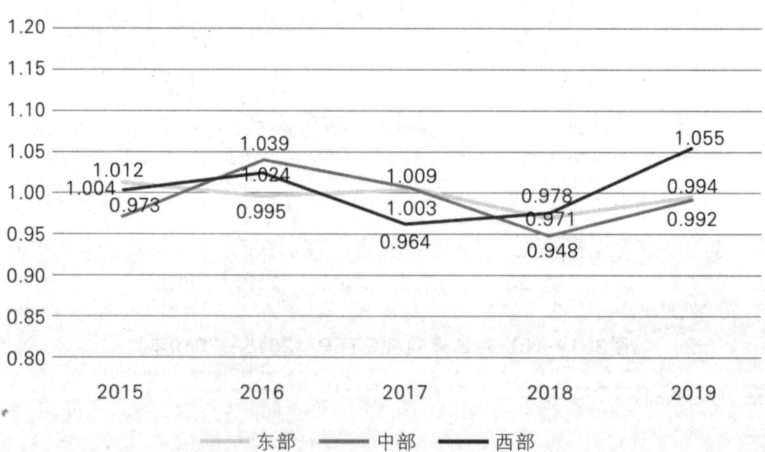

图3-15　东中西部建筑业绿色效率进步指数（2015—2019年）

图3-15（a）东部建筑业绿色效率进步指数（2015—2019年）

图3-15（b）中部建筑业绿色效率进步指数（2015—2019年）

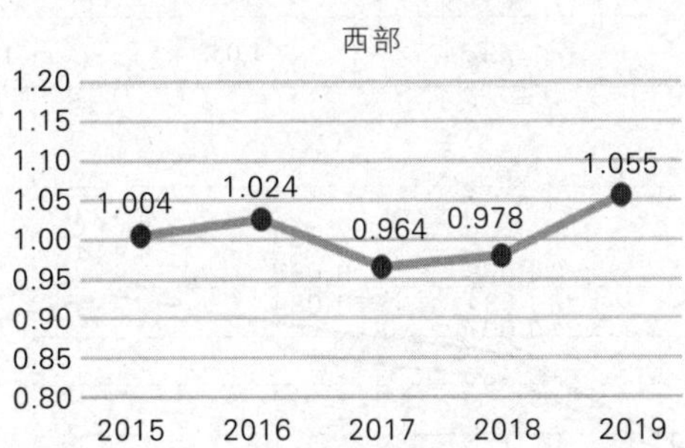

图3-15（c）西部建筑业绿色效率进步指数（2015—2019年）

资料来源：作者整理。

如表3-7和图3-16所示，我国三大地区的建筑业绿色技术进步指数（MLTC）保持在较高水平，呈倒“V”形分布，是建筑业绿色全要素生产率增长的关键因素。东部地区拥有优越的地理位置、良好的经济基础以及大量科技创新投入，促进了整个地区建筑业绿色发展。西部地区由于国家政策倾斜，使得建筑业MLTC大于中部地区，而中部地区的技术进步水平落后于其他两个地区。三大地区的建筑业MLTC波动趋势较为相似，均经历了先上升再下降的过程。东部地区在2015—2018年MLTC持续增长，2018年达到最大值1.133，2019年略有下降。中部地区2015—2018年MLTC持续增长，2018年达到最大值1.114，2019年略有下降。西部地区2015—2018年MLTC持续增长，2018年达到最大值1.092，2019年略有下降。三大地区的MLTC均值都大于1，2019年建筑业的MLTC下降，可能是因为技术创新达到一定水平后处于瓶颈期，技术进步出现停滞，但总体上MLTC高于MLEC，是建筑业绿色发展的重要因素，我国应加大科技创新投入以提高技术水平，从而实现建筑业高质量发展。

表3-7　　2015—2019年我国三大地区建筑业绿色技术进步指数

地区	2015	2016	2017	2018	2019
东部	0.968	1.058	1.093	1.133	1.012
中部	0.911	1.007	1.034	1.114	1.075
西部	0.924	1.034	1.058	1.092	1.051

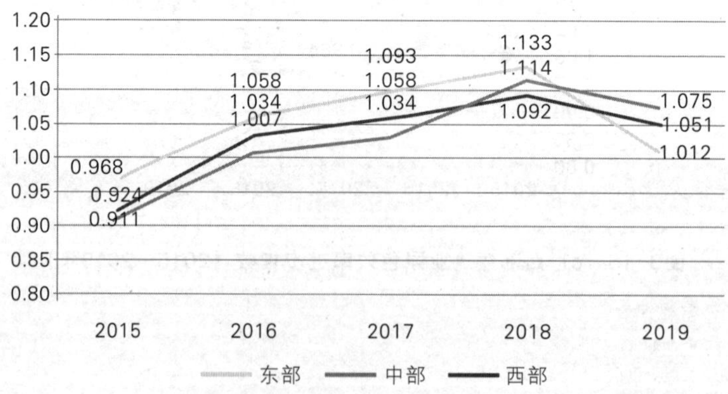

图3-16　东中西部建筑业绿色技术进步指数（2015—2019年）

图3-16（a）东部建筑业绿色技术进步指数（2015—2019年）

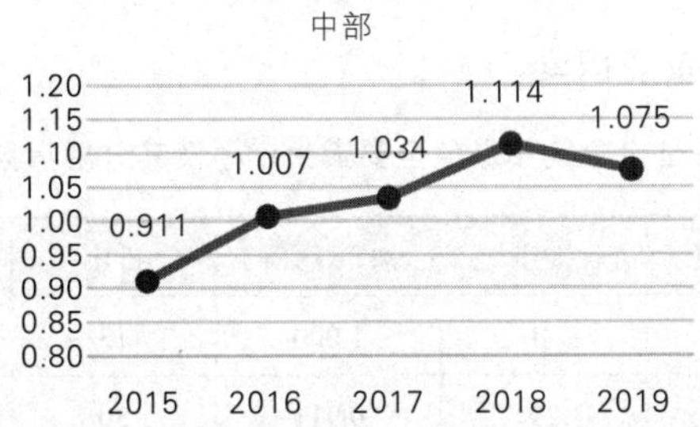

图3-16（b）中部建筑业绿色技术进步指数（2015—2019年）

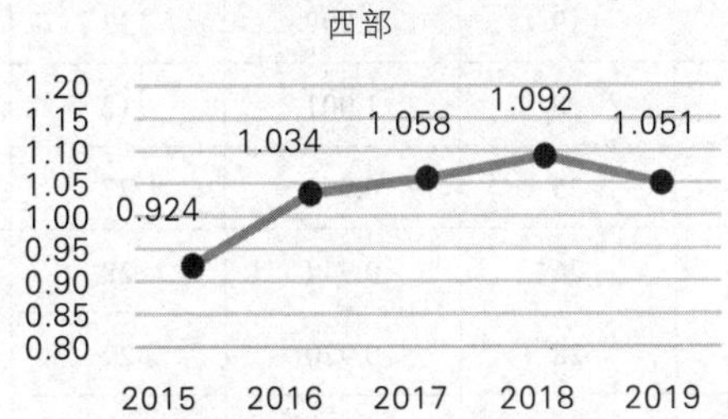

图3-16（c）西部建筑业绿色技术进步指数（2015—2019年）

资料来源：作者整理。

3.2.4 省域建筑业绿色全要素生产率分析

根据测算结果得到我国各省份建筑业绿色全要素生产率及其分解指数的均值，并对均值进行排序，结果如表3-8所示。从GTFP均值看，北京、重庆、福建、云南、四川、安徽排在前列，在我国的东部、中部、西部地区均有分布，广西的建筑业GTFP最低，比北京低25.17%，天津、黑龙江、甘肃、吉林的建筑业GTFP排在末尾。从绿色效率进步指数（MLEC）看，青海的建筑业MLEC均值为1.042，排在首位，河南、山东、广东等省份紧随其后，共有12个省份的建筑业MLEC均值大于1。其余18个省份中，黑龙江、吉林、辽宁、甘肃排在后面，天津建筑业的MLEC均值最低，这表明大部分省份的建筑业绿色效率不高，有较大的提升空间。从绿色技术进步指数（MLTC）看，北京、重庆、福建的建筑业MLTC均值排在前三位，其后为云南、四川、内蒙古，有25个省份的建筑业MLTC均值大于1，表明我国建筑业整体的技术进步水平较高，且三大地区分布比较均匀，是促进建筑业绿色全要素生产率增长的重要因素。

表3-8 我国各省份建筑业绿色全要素生产率及其分解指数均值

省份	GTFP均值	排序	MLEC均值	排序	MLTC均值	排序
北京	1.208	1	1.000	13	1.208	1
天津	0.905	29	0.911	30	0.994	27
河北	1.018	18	0.998	22	1.020	17
山西	1.012	19	0.997	23	1.015	20
内蒙古	1.069	8	1.001	12	1.068	6
辽宁	0.964	25	0.950	27	1.014	21
吉林	0.958	26	0.944	28	1.015	19
黑龙江	0.909	28	0.920	29	0.988	29
上海	1.039	16	1.012	9	1.028	15
江苏	1.067	10	1.009	10	1.058	7
浙江	1.006	22	1.000	21	1.006	25
安徽	1.077	6	1.020	5	1.056	8
福建	1.099	3	1.000	15	1.099	3
江西	1.043	15	1.008	11	1.035	12
山东	1.068	9	1.022	3	1.046	11
河南	1.060	11	1.030	2	1.029	13
湖北	1.055	13	1.000	17	1.055	9

续表

省份	GTFP均值	排序	MLEC均值	排序	MLTC均值	排序
湖南	1.010	20	1.000	18	1.010	22
广东	1.076	7	1.021	4	1.054	10
广西	0.904	30	1.000	16	0.904	30
海南	1.009	21	1.000	19	1.009	23
重庆	1.111	2	1.000	14	1.111	2
四川	1.093	5	1.015	8	1.077	5
贵州	1.043	14	1.016	6	1.027	16
云南	1.097	4	1.016	7	1.080	4
陕西	1.029	17	1.000	20	1.029	14
甘肃	0.956	27	0.950	26	1.007	24
青海	1.058	12	1.042	1	1.016	18
宁夏	0.987	23	0.996	24	0.990	28
新疆	0.973	24	0.978	25	0.995	26

资料来源：作者整理。

4 基于fsQCA方法的建筑企业全要素生产率提升路径

本章基于TOE（Technology-Organization-Environment）理论框架，选取了2020—2022年的建筑上市企业作为研究对象，以全要素生产率这一指标衡量建筑业高质量发展，并进一步通过运用模糊集定性比较分析（fsQCA）方法探索推动建筑业高质量发展的组合路径。

4.1 引言

提升企业在全要素生产效率方面的表现，对于企业保持长期的竞争力优势具有至关重要的作用。由于企业技术选择、企业组织变革以及环境因素的改变，企业的全要素生产率水平会受到技术、组织和环境等因素的影响。中国建筑业在经历了二十余年的发展后，取得了巨大的进步，已成为中国经济组成中不可或缺的一部分，对国家经济的带动效应也越来越明显。

当前，随着市场经济的发展，建筑企业面临的市场竞争压力越来越大。加入WTO为中国建筑企业提供了千载难逢的发展机会，但中国建筑企业也必然会受到一定的影响与挑战，既要面临国外建筑企业的挑战，又要面临合资建筑企业的挑战，而且，这种竞争将越来越激烈。随着我国经济社会发展水平的不断提升以及全要素生产率的提升，我国建筑业的发展将呈现出新的活力。

4.2 文献综述与组态模型

4.2.1 文献回顾

当今世界，世界经济格局因技术创新和产业变革而发生变化，而中国则是以此为契机，进行着一场前所未有的变革。在这样的大环境下，对传统产业进行改造升级，对前沿领域进行深度的探索和规划，并大力发展战略性新兴产业，培养新的经济增长点，都是我们绝对不能错过的战略机遇。

建筑业是我国经济发展的重要支柱，对我国经济发展具有举足轻重的作用。建筑业又是一个劳动力密集型产业，它给社会带来了很多工作岗位。所以，建筑业的健康发展，对中国的经济发展、社会稳定都具有重要意义。提高全要素生产率是建筑企业持续发展的关键。随着科技的不断发展，建筑企业要与时俱进，采用新的技术、新的工艺、新的材料来提高建筑的效率，从而降低成本，提升工程质量。同时，建筑企业也要加大与科研院所、大学之间的产学研结合力度，促进其技术成果的转移与运用，以保持竞争优势。

在数字化时代背景下，定性比较分析（QCA）方法作为一种研究工具，其重要性日益凸显。QCA方法结合了定性研究的深度和定量研究的广度，通过分析不同条件变量的组合对结果变量的影响，揭示了复杂现象背后的因果关系。该方法特别适用于处理非对称性和等效性问题，能够识别导致相同结果的不同因素组合，为研究提供了多维度的视角和深入的理解。在全要素生产率的研究领域，多位学者运用QCA方法进行了深入探讨。王园昊（2023）[①]通过全要素生产率和QCA方法研究了黄河流域物流业效率，发现多种因素相互作用影响效率提升。王向雨（2023）[②]探

① 王园昊．双碳视角下黄河流域物流业效率提升路径研究［D］．太原：中北大学，2023.

② 王向雨．长三角绿色全要素生产率提升路径研究［D］．杭州：杭州电子科技大学，2023.

索了绿色全要素生产率的提升路径，采用QCA方法分析了长三角地区的影响因素。杜运周等（2022）[①]结合QCA、NCA和DEA方法，分析了中国城市营商环境生态与全要素生产率的关系。盛明泉、李志杰和吕紫薇（2022）[②]运用fsQCA方法，探索了技术、组织和环境对地区全要素生产率的影响。张芝粤（2022）[③]研究了交通运输业绿色全要素生产率，识别了提高效率的关键因素。曹允春、李彤和林浩楠（2020）[④]评估了中国区域物流产业的发展质量，并探讨了高质量发展路径。郭海红（2019）[⑤]分析了中国农业绿色全要素生产率的时空差异，提出了增长路径。曲小瑜和赵子煊（2022）[⑥]探讨了中国地区工业绿色全要素生产率的影响因素和提升路径。这些研究不仅丰富了全要素生产率的研究内容，也为实现生态保护和高质量发展提供了理论基础和实践指导。通过这些学者的努力，QCA方法在全要素生产率研究中的应用得到了广泛推广和深化，为理解和解决实际问题提供了强有力的工具。

本章的研究成果将在以下两个方面有所创新：

（1）从“怎样提高全要素生产率”的多维度视角，对我国建筑业高质量发展的内涵进行了深入研究，有助于完善我国建筑业的管理系统与理论。

（2）运用fsQCA方法，探讨中国经济环境下，提高全要素生产率对建筑业高质量发展的组合效应，以及不同维度环境下的多元并发机理，为深入研究两者之间的

---

① 杜运周，刘秋辰，陈凯薇，等．营商环境生态、全要素生产率与城市高质量发展的多元模式——基于复杂系统观的组态分析［J］．管理世界，2022，38（9）：127-145.

② 盛明泉，李志杰，吕紫薇．是什么影响了地区全要素生产率？——基于QCA的组态分析［J］．天津商业大学学报，2022，42（4）：24-29.

③ 张芝粤．“一带一路”沿线省域交通运输业绿色全要素生产率测算及其影响因素研究［D］．西安：长安大学，2022.

④ 曹允春，李彤，林浩楠．我国区域物流业高质量发展实现路径——基于中国31个省市区的实证分析［J］．商业研究，2020（12）：66-74.

⑤ 郭海红．中国农业绿色全要素生产率时空分异与增长路径研究［D］．青岛：中国石油大学（华东），2019.

⑥ 曲小瑜，赵子煊．中国工业绿色全要素生产率特征要素及多元提升路径研究——基于fsQCA方法［J］．运筹与管理，2022，31（6）：154-160.

关系提供新的研究思路。在实用方面，研究着重指出提升全要素生产率对建筑业高质量发展的价值，研究成果将为我国建筑业产业升级的路径选择、产业升级条件的设计和产业技术的发展提供理论依据。

4.2.2 组态研究框架

全要素生产率的提升受到多种因素的影响，这些影响因素不仅包括外部的政治和经济等宏观环境，而且还包括企业自身的发展状况和行业特性。在TOE理论框架基础上，以已有研究结果为支撑，从技术、组织、环境等多个层面识别影响全要素生产率提高的前因变量。

首先，技术战略是一个重要的考虑因素。在此背景下，基于“资源”和“创新”的观点，研究认为科技创新是推动我国经济发展的主要动力。与此同时，企业的经营能力则渗透公司的全过程，与技术创新形成互动并相互促进。另外，以硬件为支撑的技术基础设施，也为行业的发展奠定了坚实的基础。本章在总结国内外相关文献的基础上，将企业的技术战略分为“技术创新”与“技术基础设施”两大类。其中，技术创新被认为是提高全要素生产率的一个关键因素，其所累积的知识和技术储备，可以加快企业在引进、吸收、改造、再创新各个阶段的速度，促进科技进步，产生新的产品和新的服务，从而刺激新的消费需求。而通过对市场的拉动，可以促进产品的增值，从而带动企业整体的增值。具备良好技术基础设施对创新活动有着显著的正向推进作用。在没有所需的技术基础设施支撑的情况下，新技术的运用将会增加费用，降低其技术效能，影响企业的发展。

其次，企业的组织状况也是影响企业发展的重要因素。组织状况是指组织的人力资源和财务资源，以及可用的治理架构。企业要实现生产率向现实生产的转变，就需要获得与之对应的生产要素与资源，才能进行生产运作。同时，结合资源学基本理论，认为人力资本、金融支撑是企业组织状况的重要构成要素。人力资本是一种生产投入，是一种重要的经济活动，其储备的不足会阻碍建筑业的高质量发展。当人力资本积累达到某一临界值后，其通过知识外溢效应对劳动者的劳动技能与创新能力产生重要影响，进而促进产业结构转型升级。财务支持通过技术创新、需求规模、交易费用等三方面的调节作用，可以提升建筑项目的研发成功率和资金利用效率，推动要素资本的累积，进而提升企业的全要素生产率。因此，人力资本和财务支持形成了提升全要素生产率的内在动力。

最后，环境因素是一个必要条件。根据权变理论，企业的策略及其实施会受到外部政策、行业竞争、市场环境等多种因素的制约。因而，本书把企业的竞争优势和企业的融资约束作为企业经营的外部环境因素进行分析。政府扶持是行业发展的关键，适当的减税政策能够降低企业对新技术的投入，激励企业加大研发投入，进而提升企业的生产效率，同时也可以解决由于融资受限导致的资本短缺问题，实现对资源的优化分配，进而调控全要素生产率。在产业竞争的环境中，企业将通过增加人力、资金的投入来提升自己的创新能力，提高资源的转换效率，能够更好地发挥竞争优势，加快产业升级的速度。另外，那些可以高效地获得外来融资的企业，其资金储备将更为充足，这在一定程度上减轻了资金流动性的压力，降低了企业的研发开支，因此提高全要素生产率的可能性也更大。

由此，三者构成提升全要素生产率的外部推力。综上所述，本研究构建的全要素生产率组态研究框架如图 4-1 所示：

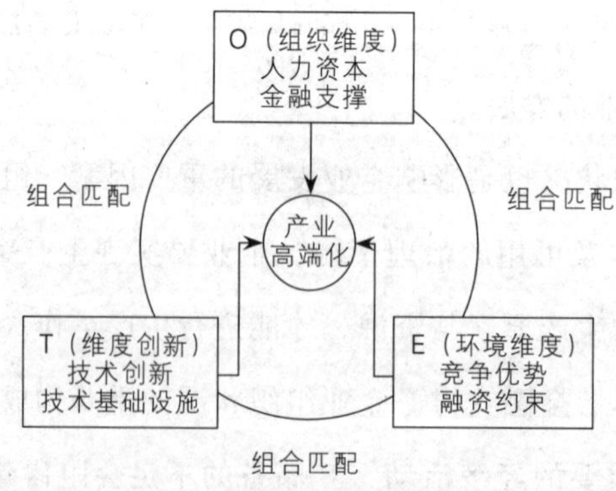

图4-1　研究框架

4.3 研究设计

4.3.1 样本选取与数据来源

本章以中国A股市场40家上市企业为研究样本，选取了2020—2022年共三年的数据。在选择个案企业时，应遵循如下几个基本准则：企业存在最少三年，且运营状况相对平稳；企业在年度报告中反映了一些行业改制的行为；选取的企业主要财务资料来自CSMAR，其他指数则是由巨潮信息网站发布的年报提供。本章数据主要来自《中国统计年鉴2023》《环境资源统计年鉴》以及"智慧芽"网站。选取的40家企业如表4-1所示：

表4-1 企业名称

企业名称	企业简称	企业名称	企业简称
深桑达A	SSD	北新路桥	BXLQ
北方国际	BFGJ	洪涛股份	HTGF
天健集团	TJJT	亚厦股份	YXGF
高新发展	GXFZ	棕榈股份	ZLGF
中钢国际	ZGGJ	中化岩土	ZHYT
中工国际	ZGGJ	瑞和股份	RHGF
宏润建设	HRJS	天海防务	THFW
金螳螂	JTL	万邦达	WBD
中国海诚	ZGHC	嘉寓股份	JYGF
东华科技	DHKJ	美晨生态	MCST
四川路桥	SCLQ	隧道股份	SDGF

续表

企业名称	企业简称	企业名称	企业简称
东湖高新	DHGJ	同济科技	TJKJ
上海建工	SHJG	龙建股份	LJGF
陕西建工	SXJG	中材国际	ZCGJ
浦东建设	PDJS	中国化学	ZGHX
龙元建设	LYJS	中国铁建	ZGTJ
安徽建工	AHJG	中国中冶	ZGZY
腾达建设	TDJS	中国电建	ZGDJ
绿地控股	LDKG	宁波建工	NBJG
太极实业	TJSY	江河集团	JHJT

资料来源：作者整理。

4.3.2 变量说明

（1）结果变量测量

通过前文的理论分析，总结出了建筑业高质量发展是结果变量，建筑业高质量发展用全要素生产率这一指标衡量。

全要素生产率是一个系统内所有因素的总和，用来与要素生产率（例如，技术生产率）相区分。全要素生产率（TFP）是对经济发展有利的变量，它包含了经济政策、政府在经济中的角色、工作态度、受过教育的劳动者带来的正外部效应，以及技术学习等。全要素生产率这一概念来源于生产率。生产率是投入和产出的比率，用来衡量一个单位投入的相应产出水平。从投入角度看，生产率可分为单一要素生产率与全要素生产率。这里的TFP就是输出与全部投入要素之间的比例。综合因素是指两个或多个要素，如资金、劳动力、能源等因素的组合。全要素生产率代表资源的配置状况、生产方法的技术状况、生产对象的变化、生产的组织管理水平，它既是劳动者参与生产和运营的积极性的表现，也是经济体制和各种社会因素对生产活动的作用程度的体现。提高TFP可以从两个方面进行：第一是通过技术创新来提高生产率；第二是通过对生产要素的再配置，实现资源配置的效率提升，主要表现为通过技术进步、体制优化和组织管理改进等“看不见的”因素来推动经济增长。

（2）条件变量测量

在此基础上，依据TOE模型提炼出的影响因素，分别采用多种方法对技术、组织和环境三个方面的评价指标进行度量。研究的前提假设涵盖了技术创新、技术基础设施、人力资本、金融支撑、竞争优势以及融资约束等因素，具体变量定义及测量方法如下：

① 在衡量技术创新方面，采用了加权平均方法，根据相关性系数对研发人员投入、研发支出以及授权专利数量进行计算，以此评估企业的技术创新能力（薛钢、张道远、王薇，2019）①。

② 在评估技术基础设施方面，本研究依据许菱等人的研究方法，通过计算企业所在省份的互联网端口数量与企业员工总数的比例来进行测量。

③ 在分析人力资本时，本研究使用本科及以上学历员工数与企业总员工数之比作为衡量指标。

④ 在考察金融支撑方面，本研究以企业的实收资本与总资产之比来评估其财务支撑水平。

⑤ 在量化竞争优势方面，本研究选用勒纳指数作为评估工具，该指数通过(营业收入-营业成本-销售费用-管理费用）/营业收入的计算得出。

⑥ 在分析融资约束的程度时，本研究使用了SA指数作为度量标准，其中该

① 薛钢，张道远，王薇．研发加计税收优惠对企业全要素生产率的激励效应［J］．云南财经大学学报，2019，35（8）：102-112.

指数的绝对值的大小与企业受到的融资约束强度正相关（杨源源、于津平、杨栋旭，2018）[①]。

4.4 数据分析

4.4.1 研究手段

模糊集定性比较分析（fsQCA）是一种介于定性与定量之间的研究方法，它把具体的个案都看作一系列条件变量，并在此基础上研究每一个案件的异质性（王勇，2023）[②]。fsQCA适合于细分产业，通过对大量实例的分析，可以得到精确的结果。另外，运用布尔代数中的操作规则，从集合论的角度讨论前因条件和后果。这种做法在某种程度上提高了研究发现的普遍适用性，本研究成果可以推广到更大范围的企业，并为本领域的研究提供更有意义的参考。为此，我们选择建筑业作为研究对象，探索各要素间的多元共存性机理，寻求使得期望成果得以实现的条件变量间的复合关系。

4.4.2 变量校准

按照fsQCA软件的操作规程，对原始案例的样本数据进行了校正，得到了一组隶属度得分（张烨环，2023）[③]。本书应用直接校准法，将个案资料中95%、50%、5%的分位数定义为完全隶属锚点、交叉锚点和完全非隶属锚点，利用SPSS对实验数据进行了校正，并给出了相应的标定结果，具体结果如表4-2所示：

① 杨源源，于津平，杨栋旭．融资约束阻碍战略性新兴产业高端化了吗？[J]．经济评论，2018，(5)：60-74.

② 王勇．商业模式创新的路径研究——基于16个案例的定性比较分析（QCA）[J]．江苏商论，2023(7)：85-88.

③ 张烨环．老字号餐饮企业包容型领导对员工工作绩效的影响机制研究［D］．沈阳：沈阳师范大学，2023.

表4-2 数据校准锚点

变量名称	完全隶属锚点	交叉锚点	完全非隶属锚点
全要素生产率（TFP）	15.64	13.92	11.98
技术创新（TC）	15 740.2	345.56	16.94
技术基础设施（TIN）	6.62	0.89	0.02
人力资本（HC）	2.28	0.44	0.31
金融支撑（FS）	10.67	0.25	0.07
竞争优势（CE）	0.14	0.08	0.03
融资约束（SA）	−2.74	−3.93	−4.33

资料来源：运用SPSS软件计算得出。

4.4.3 必要条件分析

fsQCA逻辑是把一个结果变量归结为几个条件的组合，所以，在做一个标准的分析前，应该先检验一下必要条件是否存在，也就是确定会有一个条件可以保证这个结果出现。利用fsQCA软件对高、非高全要素生产率的必要条件进行验证，得到了表4-3中的结论。从表4-3中可以看出，6个前因条件一致性都没有突破0.9的判断准则（胡丽丽，2023）[①]，这意味着6个前因条件都无法独立地构建出高全要素生产率和非高全要素生产率，这个结论反映了提高全要素生产率对建筑业高质量发展的作用具有很大的复杂性，也就是技术、组织、环境等各方面都要进行联动配合，共同影响全要素生产率。

① 胡丽丽．何种乡村原住民民宿创业更具高绩效？[D]．杭州：浙江工商大学，2023.

表4-3 必要条件分析

前因条件	高全要素生产率		非高全要素生产率	
	一致性	覆盖度	一致性	覆盖度
技术创新（TC）	0.6948	0.9472	0.4139	0.5123
~技术创新（~TC）	0.6423	0.5469	0.9574	0.7401
技术基础设施（TIN）	0.4751	0.5591	0.7791	0.8324
~技术基础设施（~TIN）	0.8575	0.8104	0.5873	0.5040
人力资本（HC）	0.5602	0.6440	0.6999	0.7306
~人力资本（~HC）	0.7656	0.7375	0.6589	0.5763
金融支撑（FS）	0.6659	0.8830	0.4458	0.5367
~金融支撑（~FS）	0.6506	0.5639	0.9029	0.7105
竞争优势（CE）	0.7084	0.7187	0.6352	0.5851
~竞争优势（~CE）	0.5910	0.6408	0.6945	0.6838
融资约束（SA）	0.7021	0.8012	0.5329	0.5522
~融资约束（~SA）	0.6076	0.5889	0.8082	0.7112

资料来源：运用fsQCA计算得出。

4.4.4 充分条件分析

在对模糊集真值表分析过程中，为了保证筛选子集中的关联强度，可以将一致性阈值设为0.80，将事例频率阈值设为1；同时，为了避免出现“同时子集关系”，即某种状态同时具有不同的绿色创新绩效，可以将PRI阈值设为0.70来对真值表进行筛选，高于0.70的设为1，低于0.70的设为0（张尧，2022）①。经过规范化的处理，可以获得复杂解、简单解和中间解。在借鉴以往研究思路的基础上，我们将中间解和简单解中同时出现的前置因素作为中心条件，其与已有的研究成果具有更强

① 张尧．基于QCA方法的XB餐饮企业基层员工离职倾向影响因素研究［D］．石家庄：河北地质大学，2022．

的因果关系。只有在中间解出现时才发生的因素被认为是次要条件，它与后果之间的因果联系比较小，fsQCA的具体分析结果见表4-4。

表4-4　　　　建筑业高全要素生产率组态

条件组态	组态1	组态2	组态3	组态4	组态5
技术创新（TC）	●	•			●
技术基础设施（TIN）	⊗	⊗	⊗	⊗	•
人力资本（HC）		⊗	⊗	•	●
金融支撑（FS）	●		•	•	⊗
竞争优势（CE）		●	●	●	⊗
融资约束（SA）	●	⊗	⊗	•	⊗
一致性	0.961	0.972	0.955	0.956	0.977
原始覆盖度	0.516	0.317	0.333	0.301	0.212
唯一覆盖度	0.194	0.028	0.027	0.004	0.053
解的一致性	0.957				
解的覆盖度	0.703				

注："●"和"⊗"分别表示核心条件的存在和缺失，"•"和"⊗"分别表示边缘条件的存在和缺失，保留3位小数，不影响计算精度。

资料来源：运用fsQCA计算得出。

表4-4每列代表一种可能的条件组态，研究结果揭示了五种不同的高绿色创新绩效配置，每种组态的个别解与整体解的一致性水平均超过了0.8的标准门槛，从而认定这些配置是实现高全要素生产率的必要条件集合。解的一致性达到了0.957，这表明在符合配置条件的企业中，有95.7%的企业表现出了高全要素生产率。而解的覆盖度为0.703，意味着这五种条件组态能够解释大约70.3%的高全要素生产率企业实例。

4.4.5 组态稳健性检验

在此项研究中，我们进行了一系列组态稳健性检验，以保证分析的准确性（李玥，2022）[①]。这些测试非常典型，包括改变校准基准、最小案例频率以及一致性阈值，或者是重新分析调整后的数据集合。对不同参数设置下的配置变化进行了比较，对结果的可靠性进行了评价和分析。在本研究中，为了进行稳健性检验，采用了调整校准基准的方法。具体做法是将75%、50%和25%的分位数设置为完全隶属、交叉和完全非隶属的锚点，并以新锚点为基础，重新校准变量，在充分条件分析和必要条件分析的基础上，得出了另一个新的fsQCA结果（刘善球、李玥，2022）[②]。由数据可知，组态的数量与组成均无变化，只是解的一致性由0.957变为0.968，解的覆盖度由0.703变为0.753，这表明五种条件组态在原始覆盖度、唯一覆盖度和解的覆盖度方面并没有发生实质性的变化，因此本研究的组态分析结果是稳健的。

4.4.6 高全要素生产率组态分析

表4-4中的条件组态是按照核心条件的分布来命名和分析的，在6个前因条件的复杂作用下，有5个高全要素生产率组态，分别是：

组态1：TC*~TIN*FS*SA

组态2：TC*~TIN*~HC*CE*~SA

组态3：~TIN*~HC*FS*CE*~SA

组态4：~TIN*HC*FS*CE*SA

组态5：TC*TIN*HC*~FS*~CE*~SA

---

① 李玥．乡村振兴背景下农村电子商务发展的影响因素——基于fsQCA方法［J］．广东蚕业，2022，56（12）：104-106.

② 刘善球，李玥．基于QCA的企业成本粘性影响因素研究——以电商上市企业为例［J］．常州工学院学报，2022，35（5）：71-79.

(1) 高组态结果分析

根据fsQCA4.1版软件中简约解和中间解的前因条件得出的5个组态的主要公司散点图如图4-2到图4-6所示：

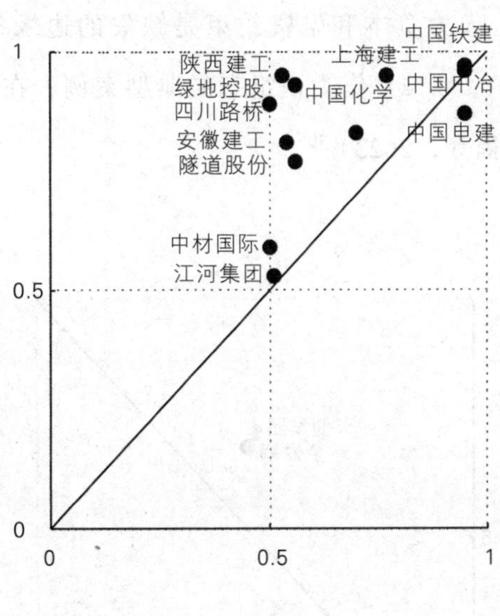

图4-2 组态1

组态1展现出0.961的一致性和0.516的原始覆盖度，说明它能解释51.6%的样本案例（李晓娣、饶美仙，2023）[①]。在这个组态中，核心条件是技术创新、金融支撑、融资约束；缺失的核心条件是技术基础设施。中国铁建（0.95，0.97）、中国中冶（0.95，0.96）、上海建工（0.77，0.95）、中国化学（0.7，0.83）、绿地控股（0.56，0.93）、隧道股份（0.56，0.77）、安徽建工（0.54，0.81）、陕西建工（0.53，0.95）、江河集团（0.51，0.53）、四川路桥（0.501，0.89）、中材国际（0.501，0.59）作为典型公司，在这些方面取得了显著的成效；而中国电建

① 李晓娣，饶美仙．区域数字创新生态系统发展路径研究——基于fsQCA的组态分析［J］．管理工程学报，2023，37（6）：20-31．

（0.95，0.87）位于斜线的下方，代表该公司不满足该组态产生的结果，排除即可。

组态2展现出0.972的一致性和0.317的原始覆盖度，说明它能解释31.7%的样本案例。在这条路径中，竞争优势是核心条件，技术创新是边缘条件，技术基础设施是缺失的核心条件，人力资本和融资约束是缺失的边缘条件，金螳螂（0.52，0.69）、天健集团（0.501，0.72）作为该组态的典型案例，在这些条件的共同作用下具有良好的表现（苏福等，2023）[①]。

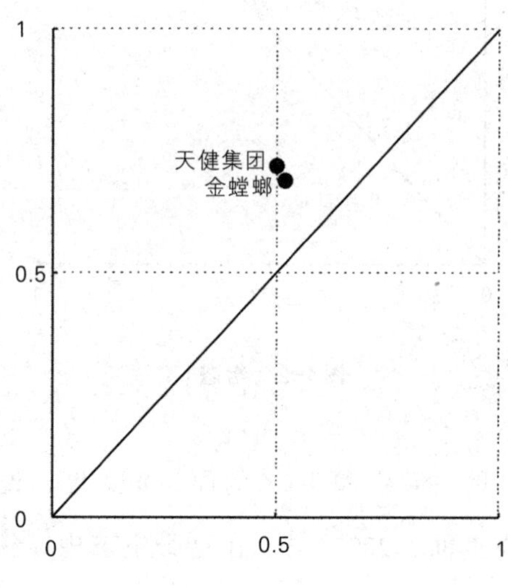

图4-3　组态2

组态3展现出0.955的一致性与0.333的原始覆盖度，说明它能解释33.3%的样本案例。在这个组态中，核心条件是竞争优势，边缘条件是金融支撑，缺失的核心条件为技术基础设施，缺失的边缘条件为人力资本和融资约束。金螳螂（0.52，

① 苏福，毛润霖，侯雨花，等．基于fsQCA的电商平台用户信息规避意愿影响因素研究［J］．数字图书馆论坛，2023，19（7）：30-39.

0.69）是这个组态的典型公司案例，在这些条件方面取得了显著的成果，而同济科技（0.501，0.48）位于斜线的下方，故不满足该组态作用的结果，排除即可。

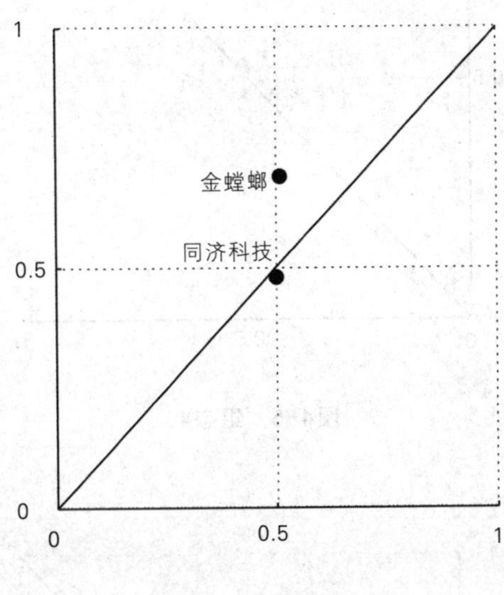

图4-4 组态3

组态4展现出0.956的一致性和0.301的原始覆盖度，说明它能解释30.1%的样本案例。在这个组态中，核心条件是竞争优势，边缘条件是人力资本、金融支撑以及融资约束，缺失的核心条件为技术基础设施。江河集团（0.51，0.53）作为这个组态的典型公司案例，在这些条件方面取得了显著的成果，北新路桥（0.501，0.47）位于斜线下方，在该组态中没有意义。

组态5展现出0.977的一致性和0.212的原始覆盖度，说明它能解释21.2%的样本案例。在这个组态中，核心条件包括技术创新和人力资本，边缘条件是技术基础设施，缺失的核心条件是竞争优势，缺失的边缘条件包括金融支撑和融资约束。浦东建设（0.501，0.71）作为这个组态的典型公司案例，在这些条件方面取得了显著的成果。

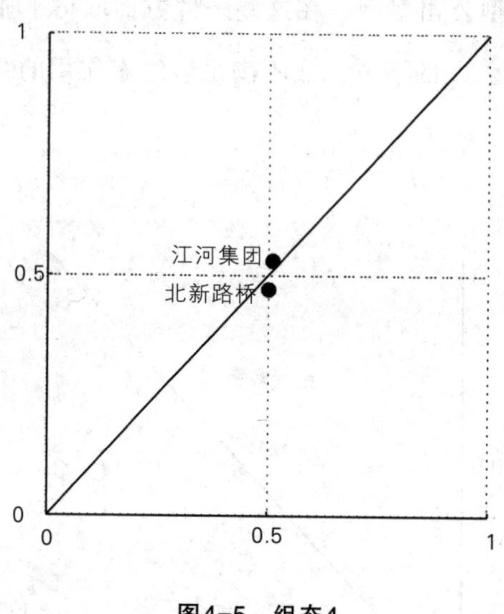

图4-5　组态4

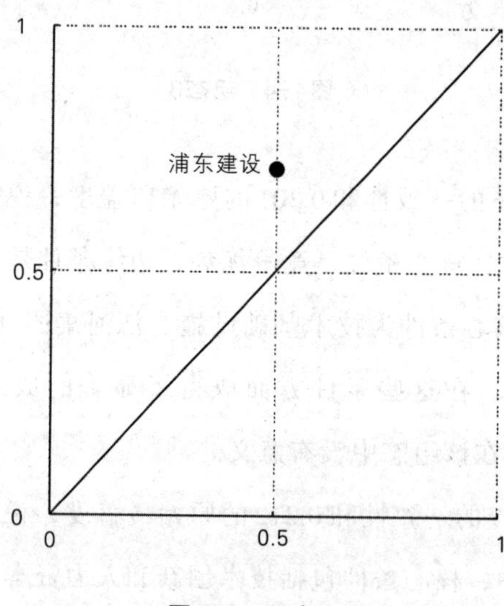

图4-6　组态5

综合来看，在高组态路径中，观察到五种不同的组合，这些组合在一定程度上体现了技术创新条件、人力资本条件、金融支撑条件、竞争优势条件以及融资约束条件在促进建筑业高质量发展方面的作用。通过对比分析，发现高组态路径中核心条件均不完全相同，再加上相关边缘条件的辅助作用，在不同地区发挥着不同的影响力。

(2) 高组态具体分析

通过观察，可以把这5个组态归纳为以下三种类型：

①技术创新-金融支撑-融资约束共同驱动型

该路径（组态1：TC*~TIN*FS*SA）强调技术创新、金融支撑、融资约束这三个核心条件在推动建筑业高质量发展中的共同驱动作用，以上海建工和中国铁建为例进行说明：

上海建工作为建筑业的佼佼者，其在技术创新、金融支撑和融资约束的自我管理上表现出独到的优势，这些优势不仅促进了公司自身的稳健发展，也为整个行业树立了一定的标杆。在技术创新方面，上海建工展现了显著的行业领先性。公司成立的工程研究总院，采用了两级研发体系，明确聚焦了超前研究及应用技术研究，这种研发体系的建立使得上海建工在技术创新方面始终走在行业前列。近年来，公司不断加大科研投入，推动科技创新驱动战略的实施，这种持续的投入和创新机制保证了企业在技术和服务上的持续领先。此外，上海建工在绿色建筑和数字孪生智慧运维平台的开发上成绩显著，如长三角一体化绿色科技示范楼的成功打造，充分展现了公司在绿色建筑领域的深厚实力和远见（孙瑞、王静、王依凌，2024）[①]；金融支撑是企业发展的重要保障，上海建工在此方面表现优异，其通过有效的资本运作为企业的可持续发展提供稳定的资金支持。公司利用自有的金融资源，有效地平衡了投资与回报，确保了资金流的健康循环。例如，公司中标上海金鼎19-01地块项目，不仅彰显了公司在行业内的竞争力，同时也预示着未来收益的潜在增长，这对资本市场产生了积极的影响。在融资约束方面，上海建工通过严格的内部控制和风险管理，有效地控制了融资规模和成本，优化了财务结构，提高了企业的财务

① 孙瑞，王静，王依凌．一家企业，两座城市——上海建工助力中特两国跨文化交流结硕果［J］．国际工程与劳务，2024（4）：62-65．

稳健性。这种自我约束机制一方面提高了企业的信用等级，另一方面降低了财务风险，赢得了投资者和市场的信赖。在技术基础设施方面，上海建工在新型基础设施的建设应用上（如人工智能、区块链、第五代移动通信等前沿技术的整合和运用）依然落后于同行业的公司。正如组态1显示的那样，技术创新、金融支撑、融资约束三个核心要素推动了上海建工的高质量发展。

通过深入分析中国铁建在技术创新、金融支撑、融资约束三个核心条件的特点，我们能够更全面地理解这些因素对于推动建筑业高质量发展的作用。在技术创新方面，中国铁建展现出了显著的实力和前瞻性，该公司不仅在高铁建设领域达到了世界领先水平，还成功承建了中国高铁50%以上的线路，尤其是在高原、高寒地区高速铁路设计施工技术上更是取得了突破。此外，中国铁建所建设的路段创造了两项世界纪录：486.1千米/小时的最高时速和840千米/小时的相对交会最高时速，这些成就充分展示了其在高端技术领域的领先地位。在金融支撑方面，中国铁建通过深化科技体制改革，加强科技人才队伍建设，并与多所高校合作，形成了有效运行的科技创新体系（杜清玉，2024）[①]。例如，与重庆市企业技术中心、复杂地质隧道和TBM工程技术研究中心等机构联合，持续加强科研人才的引进与培养，推动技术攻关。这些措施增强了公司的技术研发能力，优化了财务结构，提高了资金的使用效率，为企业的稳健运营提供了强有力的金融支撑。融资约束是每个企业都需要面对的挑战，中国铁建在这方面的表现同样优秀，公司通过系统优化创新生态和布局战略性新兴产业，在维持财务健康的同时，还能确保足够的资金流动性来支持其广泛的项目组合和长期的发展战略。除此之外，公司还积极响应国家关于构建现代产业体系的号召，持续推动传统产业的转型升级，使得自身在市场中保持竞争优势，为其可持续发展提供了保障。在技术基础设施方面，由于基础设施建设项目具有长周期特性，所以新技术的研发与应用需要较长时间才能实现转换，这导致中国铁建在某些情况下可能无法迅速采用最新技术，影响了在市场上的竞争力。组

① 杜清玉．穿越高寒冻土挡不住的高铁建设速度［N］．黑龙江日报，2024-05-13（2）．

态1中的技术创新、金融支撑、融资约束三个核心要素对中国铁建的高质量发展产生了正面影响。

②竞争优势主动型

该路径（组态2：TC*~TIN*~HC*CE*~SA，组态3：~TIN*~HC*FS*CE*~SA，组态4：~TIN*HC*FS*CE*SA）强调竞争优势条件在推动建筑业高质量发展中的核心作用。竞争优势是企业在激烈的市场环境中，针对其竞争对手所建立的一种独特的、难以复制的优势。这种优势包括技术创新、产品质量、品牌声誉、客户服务、成本控制以及其他能够显著区分开自身与其竞争者的因素。以金螳螂和江河集团为例进行说明：

金螳螂，作为中国建筑装饰行业的首家上市公司，在竞争日益激烈的市场中建立了自己的独特优势，推动公司高质量发展。面对建筑装饰行业由增量市场向存量市场的转变，金螳螂及时调整市场与客户开拓思路。公司通过持续推进属地市场的深耕，整合营销、设计与施工资源，实现业务的协同增长。与此同时把握机会，在经济快速发展的大湾区等地区布局区域总部公司，集中优势资源，形成攻坚合力。除此之外，金螳螂深度优化业务结构，扩大装饰业务范围，发挥其产品固有的核心竞争力，在提升原有市场服务能力的同时，提高客户依赖度和市场占有率（文灿，2021）[①]。金螳螂蝉联“中国建筑装饰行业百强”第1名，这种行业认可度的持续获得，为公司带来了巨大的品牌价值和市场影响力，使公司顺利荣获144项“鲁班奖”、559项“全国建筑工程装饰奖”，工程质量得到了大众的一致认可。2022年度报告显示，金螳螂归母净利润和扣非净利润均实现了扭亏为盈，体现了公司强大的盈利能力和良好的财务状况。

江河集团是一家在建筑幕墙领域具有深厚背景和广泛影响力的上市公司，竞争优势是其实现高质量发展的核心要素。江河集团在建筑幕墙领域处于领军地位，这不仅体现在其市场份额上，也反映在其对行业趋势的引领作用上。公司凭借强大的

① 文灿. 科技赋能装配式匠心独造金螳螂［J］. 英才，2021（Z1）：86-87.

技术实力和丰富的行业经验，在高端市场特别是全国标志性建筑方面取得了领先的市场份额，其拥有的先进技术研发平台和制造基地不断推出满足市场需求的新产品和新技术，打开了高端市场的大门（白雪，2022）①。除此之外，江河集团从产品设计、生产制造到施工安装都提供全程服务，形成了较为完善的业务链，这种综合配套能力保证了项目的整体效果和质量控制，为客户提供了便捷的一站式解决方案。公司坚持高标准生产，所承接的项目多次获得“鲁班奖”“全国建筑工程装饰奖”等国家级殊荣，这些荣誉是对公司工程质量的认可，也是对其专业能力的高度肯定。江河集团已经在全球范围内拥有超过50家分公司和子公司，其业务更是遍布全球多个国家和地区。拥有强大的资本实力和资源整合能力的江河集团能够为重大项目提供源源不断的资金支持，同时也能利用上市平台的资源优势进行产业链的整合和扩张。

③技术创新-人力资本共同驱动型

该路径（组态5：TC*TIN*HC*~FS*~CE*~SA）强调在竞争优势这一核心条件缺失下，技术创新和人力资本两大核心要素以及技术基础设施这一辅助要素在推动建筑业高质量发展中发挥的作用。

浦东建设是该路径的典型代表公司，在技术创新方面，公司通过“一体两翼”的战略布局，在建筑施工领域精耕细作，积极向技术和金融领域拓展，构建科技型全产业链基础设施投资建设运营新模式，并且积极响应上海科技创新中心建设的核心承载区的国家战略，充分融合张江国家自主创新示范区和自贸试验区的政策优势，通过制度创新激发科技活力，促进产业升级（金琳，2024）②。浦东建设持续加大在科技创新上的投入，引入高新技术提升服务质量和效率，对科技创新的足够重视使浦东建设能够保持在同行业的技术前沿，同时推动建筑业技术的进步，实现

① 白雪. 价值链重构视角下企业并购-分拆的价值创造路径研究［D］. 呼和浩特：内蒙古财经大学，2022.

② 金琳. 浦东建设：科技赋能主业推动高质量发展［J］. 上海国资，2024（4）：29-31.

高质量发展。

人力资本是浦东建设另一项重要的竞争优势，公司通过优化人才发展环境、提供多样化的职业发展路径和培训机会，吸引和培养了一大批具有高技能的员工。这些措施不仅提高了员工的工作满意度和忠诚度，也为公司的持续创新和发展提供了坚实的人才保障。注重构建和谐的劳动关系，提供有竞争力的薪酬福利体系，确保员工能在良好的工作环境中发挥最大潜力，让浦东建设吸引到了许多优秀员工。除此之外，国际化的人才战略也是浦东建设人力资本优势的一部分，引进海外高端人才和专家，加强国际合作，提高公司的创新能力和国际竞争力——这些国际化的视野和战略，使公司在全球市场中更具竞争力，能够更好地把握国际市场的机遇，浦东建设也在这样的优势下向高质量发展迈出了更坚实的步伐。

（3）高组态替代关系分析

通过对高级路径组态的对比研究，我们可以看出，这些因素有交叉和替换的相互作用。通过进一步比较各个组态的原始覆盖度与唯一覆盖度，可以观察到不同路径中要素间潜在的替代关联（曹鹏鹏，2021）[①]。基于这一发现，对上述提及的高级路径进行了详细的对比分析。

通过表4-4，我们可以看到路径2、路径3、路径4（组态2：TC*~TIN*~HC*CE*~SA，组态3：~TIN*~HC*FS*CE*~SA，组态4：~TIN*HC*FS*CE*SA）之间具有替代关系，虽然路径2、路径3、路径4都是以竞争优势为驱动的高水平结构，且都缺失了技术基础设施这一核心条件，但三者在实施层面却有显著差别，接下来对这些路径进行对比分析。

①路径2和路径3的对比

路径2在人力资本、融资约束边缘条件缺失的情况下，依旧能靠技术创新这一边缘条件发挥辅助作用，推动建筑业高质量发展。该路径强调，企业需要在产品质量、品牌声誉、客户服务、成本控制等竞争优势的背景下积极发挥技术创新

① 曹鹏鹏．高技术服务业创新绩效提升路径研究［D］．株洲：湖南工业大学，2021.

的作用，以共同推进建筑业的高质量发展。在路径3中，当人力资本、融资约束这两个边缘条件缺失时，重点转向了金融支撑这一边缘条件所发挥的协同效应。该路径强调，企业需要在竞争优势很强的情况下与金融支撑相结合，从而在建筑业高质量发展中发挥促进作用。在对路径2与路径3进行比较分析时发现，在促进建筑业实现高质量发展的过程中，这两条路径展现出了某种相互替代的趋势。在金融支撑因素没有发挥作用的情况下，充分利用技术创新这一条件可以更加迅速地促进建筑业的高质量发展，而在技术创新作用没有得到充分发挥的情况下，随着金融支撑这一边缘条件的不断深化，建筑业的高质量发展将得到保障。所以，在不同区域、不同情况下，路径2和路径3可以互补，促进我国建筑业的高质量发展。

②路径3和路径4的对比

路径3与路径4均属于以竞争优势为核心条件推动建筑业高质量发展的高组态，但是，在实际操作中，二者又有很大的不同。接下来，我们看路径4，和其他两条路径不同的是，该条路径专注于人力资本与融资约束的相互作用，比起路径3，突出了在人力资本和市场共同影响下推动建筑业高质量发展的重要性；比起路径2，该路径又缺少了技术创新这一要素的辅助推动作用，但却多了人力资本和融资约束这两个推动力，再配以金融支撑这一边缘条件的辅助，将重点放在金融支撑促进建筑业高质量发展中的补充角色上，尤其注重企业竞争力、开放性以及处理融资约束的能力，从而促进建筑业高质量发展。通过路径3与路径4的比较可以看出，二者都具有某种程度的替代作用，对促进我国建筑业的高质量发展有积极作用。例如，在人力资本与融资约束优势较为显著的地区，路径4可以发挥这些因素的共同推动作用，直接促进建筑业的高质量发展；而在人力资本和融资约束因素缺失的地区，路径3依旧可以通过稳定发挥竞争优势的主导作用以及金融支撑这一角色的补充作用，给建筑业的高质量发展带来更深远的影响。因此，在不同区域、不同情况下，路径3与路径4可以形成互补，促进我国建筑业的高质量发展。

4.5 研究结论

本研究选取2020—2022年我国建筑业40家上市公司作为研究对象，基于TOE模型选取6项影响因素，运用fsQCA对其进行条件组合分析，挖掘我国建筑业高全要素生产率组合的路径。

首先，提升建筑业整体生产效率的必要条件不能仅由某个单一变量独立构成。基于fsQCA方法的必要性分析结果表明，在技术、组织和环境3个维度下的6项前因条件中，没有任何单一条件能够独立决定建筑业全要素生产率的提升。这表明，该行业生产率的提高依赖于多个条件的综合配置和相互作用。

其次，建筑业虽然通过提升全要素生产率可以得到高质量发展，但影响全要素生产率增长的核心因素的确是各有差异。在建筑领域，全要素生产率增长展现出不同的类型，在这些类型中我们会发现技术这一条件在提升建筑业高质量发展中尤为重要，所以不论是哪一个组态，我们都要重视技术的提升，发挥好共同驱动作用，除此之外，人力资本也是不可或缺的因素。

最后，各大公司在促进建筑业高质量发展过程中的组态绩效有明显差别。造成这种差异的原因是各个区域的经济发展基础不同，信息化发展程度不同，互联网发展程度不同，政府扶持力度和投资环境也不同。为了能够立足实际，利用现有条件提高建筑业全要素生产率，各个公司都要结合自己的特色，制定出有针对性的战略，将自己在经济发展、信息化、互联网和数字交易等领域的优势结合起来，并且对企业的政策扶持和投资环境进行深层次的完善，从而促进建筑业的高质量发展。

4.6 研究启示

4.6.1 理论贡献

本章通过构建基于全要素生产率测度的我国建筑业高质量发展路径，弥补了以生产力为测度指标的局限，更适应当前我国建筑业转型升级的需求。

现有文献在探索产业转型升级的要素时，主要是基于传统的测度方法，考察单个要素的边际净效果和二元要素间的协同，缺乏对多种要素间的协同作用的系统性研究。因此，本章将量化合作理论与技术相融合，从必要性与充足性双重视角，深入剖析多元因素对全要素生产率增长的影响机理，有助于推动我国制造业转型发展理论研究的深入。

已有的全要素生产率研究多关注高科技制造业，而对建筑业的研究多侧重于行业升级不足、影响因素等，且仅从质的视角得出的升级途径过于宽泛、宏观，在此基础上对已有的研究也存在着一定的局限性。本章以全要素生产率为基础，构建我国制造业转型升级的多元协同激励机制，并对精细化粒度进行深入研究，以期为我国传统工业的转型升级提供参考。

4.6.2 实践启示

建筑业应以增强自己的科技创新能力为支撑，发挥其对全要素生产率的促进作用，从而获得领先地位。强调发展新产业、培育新质生产力，通过对建筑业进行技术改造，将其转变为具有战略意义的新型工业。从本质上讲，我国的传统制造业和战略性新兴产业是紧密联系在一起的。战略性新兴产业的发展离不开原材料和零部件，而这些都是由传统制造业提供的。在此过程中，还将建立一个创新基地和一个全新的智能研发平台，加强企业的技术基础设施，不断加大对高科技的引培和改造，利用新技术对生产要素的再结合，推动行业技术创新能力的提高，从而在价值链上获得更高的地位。

强化技术、组织和环境要素的协调集成和匹配联动。将多元要素有机地融合在一起，既要注重技术层次的提高，又要注重企业的内部管理，还要注意政策走向和产业发展的层次，对内外部资源进行最优的分配。领导者要根据企业的具体情况，制定长远的发展策略，强化科技和基建之间的协作机制。建筑业的转型升级是通过对行业的技术创新进行全方位的提高，不断进行工业结构的优化和升级，从而加快我国建筑业向价值链的中高端迈进的步伐。当前，随着数字技术与实体经济的深入结合，通过人工智能、大数据等新一代信息技术，全方位、全链条地改造了传统制造业，可以让企业的生产效率得到提升，同时也能够减少企业的生产费用，从而提升制造业的质量、效益和核心竞争力。应当指出，要根据不同的产品特征和差别化需要，分类探讨建筑项目的发展方向，建立典型和标杆，加强引导和示范。一方面，要推动行业内的龙头企业实现解决方案与产业链的共享，另一方面，应依据中小型企业的普遍需求，推出既经济又规范化的方案，从而带动整个产业链的发展，以全局视角推动建筑业的TFP增长。

根据产业特色制定差异化发展道路。建筑业要增加对企业的财政补贴和政策支持，鼓励企业进行技术改造、流程改造等，以增强企业的技术创新能力。与此同时，将重点放在引入和留住高科技人才上，全方位地进行科技基础建设，提高创新要素的知识外溢效果，加快建筑业的发展。另外，建筑业还应致力于创新人才“吸引、培养、保留”机制，重点培育一群具备高技能和深厚知识底蕴的高级人才，特别是那些在生产和品牌建设方面能够起到引领作用的领军人物。在此基础上，积极进行教学、科研等方面的研究，加强与国外先进企业的品质比较，创造优质的品牌。

5 数字化转型对建筑企业全要素生产率的影响机制

在数字经济时代，随着数字技术的兴起，数字化对国家各部门和各机构、企业与学校等的作用更强，数据要素给我国的产业结构升级带来了深刻的影响。无论是社会发展还是企业发展，均应与实际情况相结合，在实践中不断深入。因此，随着数字技术的深入发展，数字化在建筑企业中的应用将会越来越广泛。本章采取2011—2022年建筑业沪深A股上市公司数据，实证检验数字化转型对全要素生产率的影响，同时以创新绩效为中介变量，分析其影响机制。

5.1 引言

习近平总书记在考察调研时创造性地提出“新质生产力”这一概念，他要求在提高科技创新水平的基础上，用前沿技术带动新产业和新模式的变革，激发新动能，促进新质生产力的发展[①]。在当前数字经济浪潮下，人工智能、云计算、区块链等数字技术不断发展，因此要加快新质生产力的发展，就必须与数据要素相结合。一方面，新质生产要素打破了传统局限，以数据作为驱动来推动经济发展；另一方面，数据要素可以促进全要素生产率的提升，创造新产业，实现经济的倍增效应。发展新质生产力，重在企业的实践。企业作为市场经济的微观主体，是宏观经济的重要组成部分，同时也是发展经济和推动生产力的重要因素。新质生产力离不开数字化发展，企业可以通过数字化转型，实现组织创新、技术

① 习近平. 牢牢把握东北的重要使命奋力谱写东北全面振兴新篇章［N］. 人民日报，2023-09-10（1）.

创新等多维度的变革，从而提高全要素生产率。同时，全要素生产率的提升也是检验新质生产力发展成效和企业数字化转型成果的关键指标之一。因此，厘清两者之间的关系以及影响机制可以为企业的数字化转型升级和全要素生产率的提高提供相关经验和理论依据。

在新发展格局下，新质生产力的发展离不开全要素生产率的提高，而全要素生产率的提高也需要向着数字化方向发展，因此数字化所带来的各种效益引起了多方学者的关注。其研究脉络具体可以分为宏观、中观和微观三个方面。宏观方面，段霞和张蔷薇（2023）[①]认为产业数字化虚拟集聚发展促进了全要素生产率。Oliner、Sichel和Stiroh（2008）[②]认为数字技术促进了美国的经济增长。余妙志和方艺筱（2022）[③]认为，从全球价值链视角出发，数字化投入可以提高一国的全球价值链分工地位。然而部分学者对数字化的影响则持不同观点。王晓红、李娜和陈宇（2022）[④]认为数字化转型对全要素生产率的影响呈倒U形走势。刘新争（2023）[⑤]认为，基于创新策略选择和要素配置视角，企业数字化转型初期存在"生产率悖论"，两者呈U形关系，只有当数字化水平越过拐点达到一定程度之后，才能正向刺激企业全要素生产率的增长。中观方面，宋清华、钟启明和温湖炜（2022）[⑥]认为，数字化可以提高制造业企业的全要素生产率。郭慧芳和王宏

① 段霞，张蔷薇. 产业数字化、虚拟集聚与全要素生产率［J］. 西北师大学报（社会科学版），2023，60（1）：135-144.

② OLINER S D，SICHEL D E，STIROH K J.Explaining a productive decade［J］. Journal of Policy Modeling，2008，30（4）：633-673.

③ 余妙志，方艺筱. 数字化投入与制造业全球价值链攀升——基于49国面板数据的实证分析［J］. 工业技术经济，2022，41（10）：24-31.

④ 王晓红，李娜，陈宇. 冗余资源调节、数字化转型与企业高质量发展［J］. 山西财经大学学报，2022，44（8）：72-84.

⑤ 刘新争. 企业数字化转型中的"生产率悖论"——来自制造业上市公司的经验证据［J］. 经济学家，2023（11）：37-47.

⑥ 宋清华，钟启明，温湖炜. 产业数字化与企业全要素生产率——来自中国制造业上市公司的证据［J］. 海南大学学报（人文社会科学版），2022，40（4）：74-84.

鸣（2022）[①]等认为企业的研发投入和高技能劳动力越多，数字化转型提高全要素生产率的作用就越显著。另外，数字化转型可以通过提高创新技术水平（任志成、赵梓衡，2022）[②]、改善人力结构（袁其刚等，2022）[③]、促进制造业和服务业融合发展（赵宸宇、王文春、李雪松，2021）[④]来提高全要素生产率。微观方面，部分学者如黄大禹、谢获宝和邹梦婷（2022）[⑤]认为企业数字化转型能改善投融资结构，为提高全要素生产率提供良好的基础条件。此外，学者发现数字化转型可以通过发挥创新绩效的作用（赵树宽等，2022）[⑥]、缓解企业融资压力（花俊国、刘畅、朱迪，2022）[⑦]、提高资源配置效率（黄星刚等，2022）[⑧]来提高企业的全要素生产率。

综上所述，通过阅读文献可以发现：现有研究中，在研究对象上，数字化与全要素生产率的研究经历了一个从宏观向微观的转变，目前，大部分学者多是从微观方面开展研究。在行业类型中，大部分是制造业（宋清华、钟启明、温湖炜，2022）[⑨]，除此之外，还有服务业（郭慧芳、王宏鸣，2022）[⑩]、零售业（郭馨梅、

① 郭慧芳，王宏鸣．数字化转型与服务业全要素生产率［J］．现代经济探讨，2022（6）：92-102；113.

② 任志成，赵梓衡．数字化转型对制造业全要素生产率提升的影响——来自上市公司的微观证据［J］．工业技术经济，2022，41（11）：23-30.

③ 袁其刚，嵇泳盛，沈倩芸，等．数字化转型提高了制造业企业全要素生产率吗？——以山东省A股上市公司为例［J］．山东财经大学学报，2022，34（6）：38-51.

④ 赵宸宇，王文春，李雪松．数字化转型如何影响企业全要素生产率［J］．财贸经济，2021，42（7）：114-129.

⑤ 黄大禹，谢获宝，邹梦婷．数字化转型提升了企业的要素配置效率吗？——来自中国上市企业年报文本分析的经验证据［J］．金融与经济，2022（6）：3-11.

⑥ 赵树宽，范雪媛，王泷，等．企业数字化转型与全要素生产率——基于创新绩效的中介效应［J］．科技管理研究，2022，42（17）：130-141.

⑦ 花俊国，刘畅，朱迪．数字化转型、融资约束与企业全要素生产率［J］．南方金融，2022（7）：54-65.

⑧ 黄星刚，侯宝升，叶似剑，等．数字化转型与企业全要素生产率关系研究——基于资源配置视角的检验［J］．价格理论与实践，2022（11）：107-111.

⑨ 宋清华，钟启明，温湖炜．产业数字化与企业全要素生产率——来自中国制造业上市公司的证据［J］．海南大学学报（人文社会科学版），2022，40（4）：74-84.

⑩ 郭慧芳，王宏鸣．数字化转型与服务业全要素生产率［J］．现代经济探讨，2022（6）：92-102；113.

沈冉、徐小茗，2020）[①]、教育业（杨明月、肖宇，2023）[②]等，对于建筑业的研究较少。因此，本章以2011—2022年建筑业沪深A股46家上市公司为研究对象，分析建筑企业的数字化转型对全要素生产率的影响，并将创新绩效作为中介变量，进一步分析其影响机制。与现有文献相比，本章的边际贡献主要有两点：第一，研究样本上，以建筑业为主，丰富了数字化与全要素生产率方面的行业类型，为建筑业的数字化转型提供理论基础与建议。第二，研究形式上，引进中介变量创新绩效，分别从创新绩效数量和创新绩效质量方面分析其影响机制，有助于推动企业创新模式的变革，加强企业的创新意识，促进企业的转型升级。

5.2 理论分析与研究假设

5.2.1 数字化转型与企业全要素生产率

企业的数字化转型就是在企业的生产经营过程中，应用数字技术和创新手段，系统而全面地对企业的业务、组织、产品等进行智能化和数字化变革，进而提高全要素生产率。数字化转型对全要素生产率的影响主要体现在以下方面：

第一，数字化转型扩大企业的规模经济效应。一方面，企业在生产经营过程中，通过数字化设备和流程将硬件商品和软件商品打包出售，从而使得产品组合中出现低边际成本或者零边际成本的产品，以此扩大其销售规模（涂心语、严晓玲，2022）[③]。另一方面，企业通过数字化转型改变其原本的生产经营方式，从而提高

① 郭馨梅，沈冉，徐小茗．数字化背景下我国零售业上市公司经营效率评价［J］．商业经济研究，2020（16）：174-176．

② 杨明月，肖宇．数字化转型对中国教育服务业全要素生产率的影响［J］．清华大学教育研究，2023，44（1）：76-89．

③ 涂心语，严晓玲．数字化转型、知识溢出与企业全要素生产率——来自制造业上市公司的经验证据［J］．产业经济研究，2022（2）：43-56．

资源的使用效率（唐静、冯思允，2023）[①]。因此，企业可以通过扩大销售规模和提高资源利用率来增强规模经济效应，从而提高全要素生产率。

第二，数字化转型促进企业创新技术的发展。一方面，通过数字化转型可以为企业生产提供高质量的知识资本和人力资本，进而提高企业的创新能力（Banalieva and Dhanaraj，2019）[②]。另一方面，数字化技术的应用能够拓展技术创新的深度和广度，数字技术赋能企业创新，包括对创新主体、创新过程和创新成果的赋能，同时，数字技术赋能创新路径，包括技术整合、产品智能化和消费者个性化三条路径（余菲菲、王丽婷，2022）[③]。因此，企业可以在提高创新水平的基础上，促进全要素生产率的提升。

第三，数字化转型降低企业的成本。首先，数字化转型可以提高生产效率，提高产品的质量，降低企业的生产成本（郭彦彦、吴福象，2021）[④]。其次，数字技术的应用，可以帮助管理者加快决策的制定和执行，从而降低组织的管理成本和沟通成本（吴非等，2021）[⑤]。再次，企业可以通过数字化转型更快地处理大量数据，并且从中选择出最有利于企业的数据，提高数据利用率，降低企业的交易成本和搜寻成本（Agarwal et al.，2010）[⑥]。最后，企业可以通过信息技术打破交流时间和地点的限制，从而扩大其服务的覆盖面，拓宽融资渠道，降低融资成本（李健、

① 唐静，冯思允. 数字化转型对服务业企业全要素生产率影响研究［J］. 国际商务（对外经济贸易大学学报），2023（3）：121-140.

② BANALIEVA E R，DHANARAJ C.Internalization theory for the digital economy［J］. Journal of International Business Studies，2019，50（8）：1372-1387.

③ 余菲菲，王丽婷. 数字技术赋能我国制造企业技术创新路径研究［J］. 科研管理，2022，43（4）：11-19.

④ 郭彦彦，吴福象. 专利权行政保护、关键技术创新与企业全要素生产率增长［J］. 经济经纬，2021，38（5）：101-110.

⑤ 吴非，胡慧芷. 林慧妍，等. 企业数字化转型与资本市场表现：来自股票流动性的经验证据［J］. 管理世界，2021，37（7）：130-144.

⑥ AGARWAL R，GAO G D，DESROCHES C，et al.Research commentary - the digital transformation of healthcare：current status and the road ahead［J］. Information Systems Research，2010，21（4）：796-809.

张金林、董小凡，2022）[①]。因此，企业可以通过降低内部和外部的成本来提高全要素生产率。综上，提出假设5-1：

假设5-1：数字化转型对企业全要素生产率具有显著的正向作用。

5.2.2 数字化转型、创新绩效与全要素生产率

马晶晶（2023）[②]认为，全要素生产率的来源包括技术进步、组织创新、专业化和生产创新等。其中技术进步可以分为技术创新和技术效率。苏治和徐淑丹（2015）[③]认为，技术创新要比技术效率对技术进步的作用更强，进一步研究中，唐未兵、傅元海和王展祥（2014）[④]认为，技术进步的实现可以依靠技术创新投入、产出的增加和外部技术的引进。由此可见，技术创新推动技术进步的发展。技术创新是技术进步的基础，是推动技术系统从现有状态向更高层次跃迁的关键因素。没有持续不断的创新活动，技术进步就会停滞不前。同时，技术创新的实现也离不开企业的数字化转型，它为技术创新提供了应用土壤和价值实现途径。

企业的技术研发中，投入产出是一个必要的衡量因素。一方面，企业创新投入增加后，通过降低对资源和人才的依赖度提高全要素生产率（冉芳、谭怡，2021）[⑤]。另一方面，企业创新水平的提高有助于改善投入产出结构，提高资源使用效率，从而优化企业全要素生产率（郭丰、杨上广、金环，2022）[⑥]。企业的技

① 李健，张金林，董小凡．数字经济如何影响企业创新能力：内在机制与经验证据［J］．经济管理，2022，44（8）：5-22.

② 马晶晶．数字化转型与企业全要素生产率［D］．南京：南京邮电大学，2023.

③ 苏治，徐淑丹．中国技术进步与经济增长收敛性测度——基于创新与效率的视角［J］．中国社会科学，2015（7）：4-25；205.

④ 唐未兵，傅元海，王展祥．技术创新、技术引进与经济增长方式转变［J］．经济研究，2014，49（7）：31-43.

⑤ 冉芳，谭怡．数字金融、创新投入与企业全要素生产率［J］．统计与决策，2021，37（15）：136-139.

⑥ 郭丰，杨上广，金环．数字经济对企业全要素生产率的影响及其作用机制［J］．现代财经（天津财经大学学报），2022，42（9）：20-36.

术创新，使得企业可以获得创新收益，提高本身的竞争优势，从而激励企业增加研发投入，加大创新强度，形成良性循环。

同样，企业的技术研发离不开人的存在，在充分发挥个人主观能动性的基础上进行企业数字化，有助于实现各种效应的倍增，而数字化也可以促进企业各个方面的发展。具体而言，企业的生产流程数字化可以推动劳动力的高质量转变，在促进个人能力发展的基础上，给予劳动结构相应的调整和升级（张旭华、高廷恺，2022）[①]，这种转变改善了企业的生产经营过程，企业的创新水平得到提高，全要素生产率也显著提高。

综上所述，本章以创新绩效为中介变量，用创新绩效来衡量企业的技术创新水平。

企业创新绩效的提升本质上就是企业技术创新能力的提升。当前数字经济时代下，企业的数字化水平越高，数字技术应用程度越高，对企业创新的影响也越大。赵树宽等（2022）[②]引进创新绩效作为中介变量，分析发现无论是数量还是质量，企业的数字化转型均能通过创新绩效提升全要素生产率。同时，伴随企业发明成果、专利技术等数量的增加和质量的提升，企业的技术创新水平也会随之提高，进而由技术效益转为经济效益，在各种效益的发挥下，促进企业全要素生产率的提高（章立军，2006）[③]。因此，根据上文分析，本章将中介变量分为创新绩效数量和创新绩效质量，提出如下假设：

假设5-2a：数字化转型通过增加创新绩效数量提升企业全要素生产率。

假设5-2b：数字化转型通过提高创新绩效质量提升企业全要素生产率。

---

① 张旭华，高廷恺．数字化、人力资本提升与收入不平等——来自亚太地区国家的经验证据［J］．亚太经济，2022（5）：21-32.

② 赵树宽，范雪媛，王泷，等．企业数字化转型与全要素生产率——基于创新绩效的中介效应［J］．科技管理研究，2022，42（17）：130-141.

③ 章立军．创新环境、创新能力及全要素生产率——基于省际数据的经验证据［J］．南方经济，2006（11）：43-56.

5.3 研究设计

5.3.1 样本选择与数据来源

本章以2011—2022年沪深A股建筑企业作为研究对象，数据来源如下：数字化转型程度原始数据来源于巨潮资讯网，创新绩效数据来源于中国研究数据库，其他财务数据来源于国泰安数据库和企业年报。数据处理方法如下：剔除样本期间内归为ST、*ST的样本，剔除存在变量缺失的样本。经过一系列处理，得到46家公司2011—2022年共552个样本，构成平衡面板数据。同时，对所有连续变量进行1%和99%分位的缩尾处理，数据处理及其回归分析借助Stata17.0软件。

5.3.2 关键变量与测度说明

（1）被解释变量

被解释变量是企业全要素生产率（TFP）。目前学界对于企业全要素生产率的衡量大部分采用OP法、LP法、GMM法等，考虑到传统的索洛残差法可能导致同时性偏差和样本选择偏差，本章以LP法测算企业全要素生产率为主，并在5.6节中对比分析LP法、DEA-Malmquist法、超效率SBM模型以及Fare-Primont方法测算的TFP和GTFP值。其中，产出指标为企业的营业收入，资本投入指标为固定资产净值，劳动投入指标为企业员工人数，中间投入指标为企业购买商品、接受劳务支付的现金，以上数据均来自国泰安数据库。然后对所选指标进行对数处理，由此得出企业的全要素生产率。此外，在本章的稳健性检验中，还使用了OLS法（TFP-OLS）和固定效应法（TFP-GD）测算的全要素生产率替代被解释变量。

（2）解释变量

解释变量是数字化转型程度（Digital）。借鉴吴非等（2021）①的方法，通过文本分析法构建数字化转型程度指标。具体步骤如下：第一，在相关文献的基础上构建数字化转型词典，词典具体内容见表5-1；第二，通过Python的爬虫功能从巨潮资讯网上爬取样本年报，并将其转化为TXT文本格式；第三，以表5-1的关键词为基础，使用Python对企业年报进行搜索匹配，加总后得到总词频。考虑到数据的右偏性，将总词频加1取自然对数处理。

表5-1 数字化转型词典

指标分类	指标名称
数字技术应用	互联网、移动互联、移动支付、智能能源、网联、智能化、智能设备、智能交通、智能家居、智能电网、智能识别、数字金融、金融科技、数据平台、数据中心、数据科学、数字智能、数字运营、数字科技、智能医疗、数字化、数字经济、线上、电商、自动控制、自动检测、智能环保、自动监控、远程医疗、物联网、信息系统、互联网+、B2B、O2O、C2B、P2P、电子商务、第三方支付、互联网金融、智慧农业、量化金融、数字技术、数字贸易、智能物流
云计算技术	云服务、云计算、绿色计算、边缘计算、云存储、内存计算、云端、类脑计算
大数据技术	数据管理、数据挖掘、数据融合、数据信息、数据可视化、大数据、数据资产、数据赋能、增强现实、虚拟现实
人工智能技术	AI、3D打印、自动驾驶、深度学习、智能仓储、智能建造、智慧建造、智慧建筑、智慧社区、智慧工地、人工智能、人脸识别、生物识别技术、智能制造模拟、智能预警、弱电智能、智能远控、商业智能、智能机器人
区块链技术	分布式计算、数字货币、数字供应链、区块链、智能金融合约

资料来源：作者整理。

① 吴非，胡慧芷．林慧妍，等．企业数字化转型与资本市场表现：来自股票流动性的经验证据［J］．管理世界，2021，37（7）：130-144.

（3）中介变量

中介变量是创新绩效。本章借鉴巴曙松、吴丽利和熊培瀚（2022）[①]与蒋殿春和潘晓旺（2022）[②]的方法，用专利衡量创新绩效，并将创新绩效分为创新绩效数量和创新绩效质量。创新绩效数量（Patent）的衡量方法是将企业申请的专利数加1取自然对数。创新绩效质量（Patent2）的衡量方法是将企业被授权的专利数加1取自然对数。

（4）控制变量

参照现有文献，控制变量的选取如表5-2所示。

表5-2　　变量名称与具体定义

类型	名称	符号	定义
被解释变量	企业全要素生产率	TFP	LP法计算得出
解释变量	数字化转型程度	Digital	总词频加1取自然对数
中介变量	创新绩效数量	Patent	企业申请的专利数加1取自然对数
	创新绩效质量	Patent2	企业被授权的专利数加1取自然对数
控制变量	总资产收益率	ATO	经营活动产生的现金流与资产总额之比
	资产负债率	Lev	企业总负债除以总资产
	固定资产比率	FixAsset	企业年末固定资产与总资产的比值
	总资产报酬率	ROA	企业净利润除以总资产
	独立董事比例	Indep	独立董事除以董事人数
	第一大股东持股比例	TOP1	第一大股东持股数与总股数之比
	企业成长性	Growth	营业收入增长率
	股权制衡度	Balance	第二至第五大股东与第一大股东持股比例之比
	股权性质	SOE	国有企业为1，非国有企业为0

资料来源：国泰安数据库、中国研究数据库、巨潮资讯网以及企业年报。

① 巴曙松，吴丽利，熊培瀚．政府补助、研发投入与企业创新绩效［J］．统计与决策，2022，38（5）：166-169.

② 蒋殿春，潘晓旺．数字经济发展对企业创新绩效的影响——基于我国上市公司的经验证据［J］．山西大学学报（哲学社会科学版），2022，45（1）：149-160.

5.3.3 模型构建

（1）基准计量模型

借鉴施秉展和李建桐（2020）[①]与陈彦君和郭根龙（2024）[②]的研究思想，建立以下模型研究建筑企业数字化转型与全要素生产率的关系。

$$TFP_{it} = \alpha_0 + \alpha_1 Digital_{it} + \sum Controls + \sum Firm + \sum Year + \theta_{it} \tag{5-1}$$

其中，i与t代表企业与年份，TFP_{it}代表全要素生产率，$Digital_{it}$代表数字化转型程度；Controls代表控制变量；Firm和Year代表公司和年份的固定效应。如果α_1显著且是正向的，那么就验证了假设5-1。

（2）中介效应模型

借鉴温忠麟和叶宝娟（2014）[③]的方法，以此来验证数字化转型、创新绩效与企业全要素生产率之间的关系，使用逐步回归法构造中介效应模型如下：

$$Mediator_{it} = \beta_0 + \beta_1 Digital_{it} + \sum Controls + \sum Firm + \sum Year + \theta_{it} \tag{5-2}$$

$$TFP_{it} = \gamma_0 + \gamma_1 Digital_{it} + \gamma_2 Mediator + \sum Controls + \sum Firm + \sum Year + \theta_{it} \tag{5-3}$$

5.4 实证分析

5.4.1 描述性统计

表5-3是变量的描述性结果。企业全要素生产率的均值是13.649，最小值和最大值分别是10.662、16.736，说明各企业之间的全要素生产率数值存在一定差距。

① 施炳展，李建桐. 互联网是否促进了分工：来自中国制造业企业的证据［J］. 管理世界，2020，36（4）：130-149.

② 陈彦君，郭根龙. 数字化转型、产业链整合与全要素生产率［J］. 海南金融，2024（2）：3-18.

③ 温忠麟，叶宝娟. 中介效应分析：方法和模型发展［J］. 心理科学进展，2014，22（5）：731-745.

数字化转型程度作为解释变量，均值为1.970，标准差为1.265，最小值和最大值分别为0和5.894，说明建筑业整体数字化转型处于初级阶段，数字化转型程度较低，存在较大发展空间。创新绩效数量的均值为1.986，最小值和最大值分别为0和7.651，创新绩效质量的均值为1.866，最小值和最大值分别为0和7.344，说明企业的创新绩效之间存在显著的差距。从控制变量来看，企业成长性的最小值和最大值差异最大，衡量企业成长性的指标是营业收入增长率，其差异显著的主要原因可能是企业的经营战略和股权结构不同，导致营业收入的波动性较大，企业的成长性也不同，因此呈现较大的差异。

表5-3 描述性统计

变量	符号	观测值	均值	标准差	最小值	中位数	最大值
企业全要素生产率	TFP	552	13.649	1.157	10.662	13.559	16.736
数字化转型程度	Digital	552	1.970	1.265	0	1.946	5.894
创新绩效数量	Patent	552	1.986	1.651	0	2.079	7.651
创新绩效质量	Patent2	552	1.866	1.514	0	1.946	7.344
总资产收益率	ATO	552	0.658	0.306	0.016	0.616	2.274
资产负债率	Lev	552	0.688	0.158	0.093	0.721	0.994
固定资产比率	FixAsset	552	0.074	0.081	0.002	0.048	0.581
总资产报酬率	ROA	552	0.020	0.050	-0.797	0.021	0.111
独立董事比例	Indep	552	0.398	0.085	0.300	0.364	0.800
第一大股东持股比例	TOP1	552	0.386	0.153	0.045	0.362	0.786
企业成长性	Growth	552	0.243	1.390	-0.876	0.103	27.080
股权制衡度	Balance	552	0.567	0.540	0.008	0.404	3.096
股权性质	SOE	552	0.667	0.472	0	1	1

资料来源：作者整理。

5.4.2 相关性分析

该部分对涉及变量进行相关性分析，具体相关关系如表5-4所示。从表中可以看出，数字化转型程度、创新绩效数量、创新绩效质量与全要素生产率均在1%水平上显著，是正相关关系，初步检验假设5-1，其余绝大部分的变量系数均在0.7以下。

表5-4 相关性分析

变量	TFP	Digital	Patent	Patent2	ATO	Lev
TFP	1					
Digital	0.295***	1				
Patent	0.175***	0.284***	1			
Patent2	0.135***	0.325***	0.853***	1		
ATO	0.360***	0.029	0.127***	0.122***	1	
Lev	0.533***	-0.026	-0.033	-0.031	0.137***	1
FixAsset	-0.415***	-0.174***	-0.092**	-0.067	-0.014	-0.147***
ROA	0.134***	-0.051	0.036	-0.028	0.238***	-0.203***
Indep	0.411***	0.045	0.007	0.015	0.049	0.099**
TOP1	0.363***	-0.072*	-0.045	-0.069	0.292***	0.196***
Growth	0.053	0.096**	-0.022	-0.028	0.103**	0.034
Balance	-0.070	0.123***	0.134***	0.137***	-0.113***	-0.216***
SOE	0.307***	-0.075*	-0.229***	-0.270***	0.099**	0.378***

变量	FixAsset	ROA	Indep	TOP1	Growth	Balance	SOE
FixAsset	1						
ROA	-0.103**	1					
Indep	-0.037	-0.005	1				
TOP1	0.001	0.101**	0.377***	1			
Growth	0.015	0.052	-0.046	-0.007	1		
Balance	-0.090**	-0.023	-0.224***	-0.657***	0.080*	1	
SOE	0.014	0.047	0.211***	0.474***	0.043	-0.560***	1

注：***、**、*分别表示在1%、5%、10%水平上显著。

资料来源：作者整理。

此外，本章还通过VIF检验来检查各变量之间的共线性。从表5-5可以看出，各变量VIF值均小于4，均值为1.850，由此可见各变量之间不存在多重共线性问题。

表5-5 VIF检验表

变量	VIF	1/VIF
Digital	1.190	0.842
Patent	3.740	0.267
Patent2	3.940	0.254
ATO	1.240	0.808
Lev	1.340	0.747
FixAsset	1.110	0.901
ROA	1.200	0.834
Indep	1.190	0.838
TOP1	2.210	0.453
Growth	1.050	0.953
Balance	2.160	0.464
SOE	1.820	0.548
均值	1.850	

资料来源：作者整理。

5.4.3 基准回归分析

表5-6为基准回归结果。列（1）为单变量回归结果，在1%水平上显著，系数为0.270；列（2）报告了增加公司与年份固定效应后的结果，回归系数是0.148，在5%水平上显著；列（3）报告了在列（2）基础上增加控制变量后的结果，在5%水平上显著，表明数字化转型可以正向促进全要素生产率的提升，假设5-1得到验证。

表5-6 基准回归分析表

变量	(1)	(2)	(3)
	TFP	TFP	TFP
Digital	0.270*** (4.025)	0.148** (2.569)	0.075** (2.446)
ATO			1.148*** (6.475)
Lev			1.701*** (3.537)
FixAsset			-4.492*** (-4.426)
ROA			1.464* (1.899)
Indep			1.035* (1.770)
TOP1			1.188** (2.685)
Growth			0.013 (0.571)
Balance			0.388** (2.305)
SOE			-0.505 (-1.599)
常数项	13.117*** (79.533)	12.227*** (54.788)	10.211*** (22.512)
年份	未控制	控制	控制
公司	未控制	控制	控制
观测值	552	552	552
R^2	0.085	0.825	0.942
F	16.201		

注：括号中报告的是经公司聚类（cluster）调整的稳健异方差t值，***、**、*分别表示在1%、5%和10%水平上显著（下同）。

资料来源：作者整理。

5.4.4 内生性检验

一方面，在数字技术的影响下，数字化转型有助于企业全要素生产率的提高；另一方面，企业的全要素生产率越高，数字化转型也越容易进行。为了解决以上的内生性问题，使用以下方法进行内生性检验。

一是将核心解释变量分别滞后一期、二期进行检验。表5-7的列（1）和列（2）分别为滞后一期和滞后二期的结果，均在1%水平上显著，证明模型不存在内生性问题，进一步验证前文结论的可靠性。

表5-7　　　　滞后一期、二期回归分析表

变量	(1)	(2)
	TFP	TFP
L.Digital	0.092*** (0.030)	
L2.Digital		0.066*** (0.019)
FixAsset	-4.528*** (1.252)	-4.629*** (1.319)
Lev	1.548*** (0.476)	1.442*** (0.455)
ATO	1.316*** (0.181)	1.436*** (0.212)
TOP1	1.183*** (0.438)	1.315*** (0.458)
Balance	0.364** (0.163)	0.365*** (0.135)
ROA	1.285* (0.744)	1.128 (0.792)
Indep	0.960 (0.608)	0.880 (0.614)

续表

变量	(1)	(2)
	TFP	TFP
Growth	0.015 (0.019)	0.018 (0.019)
SOE	-0.464 (0.283)	-0.369 (0.228)
常数项	10.676*** (0.585)	10.781*** (0.598)
观测值	506	460
R^2	0.755	0.733

资料来源：作者整理。

二是工具变量法，分别以滞后一期和除企业自身外同年同行业的均值（Ⅳ）作为工具变量，并采用GMM2S法进行回归。回归结果见表5-8，滞后一期的两阶段回归结果如列（1）和列（2）所示，解释变量和工具变量均在1%水平上显著，列（3）和列（4）是行业均值的回归结果，解释变量和工具变量均在1%水平上显著。同时两者通过了识别不足和弱工具变量检验，工具变量选取有效，结果稳健。

表5-8 工具变量法回归分析

变量	(1)	(2)	(3)	(4)
	一阶段	二阶段	一阶段	二阶段
	Digital	TFP	Digital	TFP
L.Digital	0.431*** (8.110)			
Ⅳ			0.574*** (5.450)	
Digital		0.213*** (4.200)		0.433*** (4.210)

续表

变量	(1)	(2)	(3)	(4)
	一阶段	二阶段	一阶段	二阶段
	Digital	TFP	Digital	TFP
FixAsset	-0.806 (-1.010)	-4.356*** (-6.490)	-2.184** (-2.850)	-4.019*** (-7.870)
Lev	-1.089*** (-2.970)	1.780*** (5.840)	-0.584 (-1.360)	1.561*** (5.100)
ATO	0.275 (1.480)	1.257*** (10.500)	-0.049 (-0.250)	1.070*** (9.110)
TOP1	0.752 (1.380)	1.022*** (3.810)	1.153* (1.960)	0.697** (2.080)
Balance	0.199 (1.540)	0.322*** (3.410)	0.330** (2.460)	0.212** (2.190)
ROA	-0.454 (-0.830)	1.382** (2.120)	-0.102 (-0.180)	1.000** (2.370)
Indep	0.641 (1.150)	0.824** (2.240)	0.631 (1.140)	0.922** (2.570)
Growth	0.038*** (3.430)	0.007 (0.390)	0.037** (1.760)	0.054*** (3.590)
SOE	-0.152 (-0.890)	-0.432*** (-2.620)	-0.370** (-1.990)	-0.221 (-1.480)
Observations	506	506	501	501
Number of ID	46	46	46	46
Cragg-Donald Wald F statistic	100.600		36.720	
Kleibergen-Paap rk LM statistic	65.840		29.710	
10% maximal Ⅳ size	16.380		16.380	

资料来源：作者整理。

5.4.5 稳健性检验

为保证结果的稳健性，本章采取替换被解释变量、替换解释变量、替换样本时间和PSM四种方法进行检验，具体结论如下：

（1）替换被解释变量

为验证结果的稳健性，分别采用OLS法和固定效应法测算全要素生产率。结果见表5-9，列（1）的数字化转型程度回归系数是0.080，列（2）的数字化转型程度回归系数是0.076，两者均在1%水平上显著。由此说明，在替换被解释变量后，数字化转型对全要素生产率具有促进作用，与前文结论一致，结果稳健。

（2）替换解释变量

在基础回归分析中，利用Python爬取上市企业年报获取数字化转型词频来衡量各个企业的数字化转型程度。为了验证结果的稳健性，借鉴吴非等（2021）[①]的研究，按照文中的数字化转型词典来统计词频，以此作为替代变量来衡量企业的数字化转型程度（DGT-WF）。具体见表5-9的列（3），从表中可以看出，数字化转型程度的回归系数是0.078，在1%水平上显著，假设5-1得到验证，本章的基本回归具有稳定性。

（3）替换样本时间

从样本选择出发，本章选取的样本时间是2011—2022年共12年。为了检验结果的稳健性，分别选取2013—2022年（10年）与2015—2022年（8年）两个样本量重新按照模型（5-1）进行检验。如表5-9所示，数字化转型程度均在5%水平上显著，研究结论稳健。

（4）倾向得分匹配法（PSM）

为了缓解样本选择偏差问题，该部分按照数字化转型程度均值，将企业分为处

---

① 吴非，胡慧芷．林慧妍，等．企业数字化转型与资本市场表现：来自股票流动性的经验证据［J］．管理世界，2021，37（7）：130-144．

理组和对照组，固定资产比率和独立董事比例作为协变量，利用Probit模型计算倾向得分值，采取1：1有放回样本匹配，最终样本数为510。由PSM检验可知，匹配后的协变量均无显著性差异，且标准化误差均小于1%，说明匹配结果较理想。匹配后回归结果如表5-9列（6）所示，在1%水平上显著，研究结论稳健。

表5-9　稳健性检验表

变量	(1)	(2)	(3)	(4)	(5)	(6)
	替换被解释变量	替换被解释变量	替换解释变量	2013—2022	2015—2022	PSM
	TFP-OLS	TFP-GD	TFP	TFP	TFP	TFP
Digital	0.080*** (3.047)	0.076*** (2.917)		0.077** (2.080)	0.077** (2.019)	0.228*** (0.053)
DGT-WF			0.078*** (3.872)			
常数项	17.330*** (56.463)	17.546*** (57.633)	10.639*** (45.959)	10.867*** (21.224)	10.495*** (16.106)	12.947*** (0.199)
控制变量	控制	控制	控制	控制	控制	
协变量						控制
公司	控制	控制	控制	控制	控制	控制
年份	控制	控制	控制	控制	控制	控制
观测值	552	552	552	460	368	510
R^2	0.714	0.711	0.737	0.948	0.965	0.903

资料来源：作者整理。

5.4.6　异质性分析

（1）产权性质的异质性

2021年10月，国资委、工信部签署《关于加快推进中央企业两化融合和数字化转型战略合作协议》。随着国家政策的发布，国有企业的数字化水平提高，转型进度加快，不仅提高了企业的创新水平，也改善了企业的战略结构和人才结构，在促进企业创新绩效发展的基础上，加快全要素生产率的提高。因此，由于企业的股权性质不同，各个企业的数字化进程呈现显著差距，其作用在全要素生产率上的体现也各不相同。

为了验证产权性质可能产生的影响，将企业分为国有企业和非国有企业进行回归，具体结果见表5-10。列（1）是国有企业的回归结果，回归系数为0.080，在1%水平上显著：列（2）是非国有企业的回归结果，回归系数为0.046，在5%水平上显著。可以看出，不论是国有企业还是非国有企业，均可以通过数字化转型提高全要素生产率。但国有企业对全要素生产率的正向影响要高于非国有企业。具体原因如下：首先，国有企业能更快地获得各种政策优惠，会积极执行国家的战略要求，主动分配各种资源推动企业的数字化转型，以此实现两化融合改革目标；其次，国有企业韧性较高，拥有足够的资源优势，更容易进行数字化转型（陈国华等，2024）①；最后，国有企业战略权集中度高（杨阳、王凤彬、孙春艳，2015）②，且注重规划（刘瑞明，2013）③，因此，国有企业与非国有企业相比，更倾向于提前规划，以便在面对数字化转型所带来的风险时可以积极应对。

（2）企业成长周期的异质性

以企业上市年限中位数为准，将企业分为成熟期和成长期。其回归结果如表5-10所示，列（3）是成长期的回归结果，不显著，列（4）是成熟期的回归结果，在1%水平上显著，说明相比于成长期企业，成熟期企业提升全要素生产率的效果更显著。其原因可能是成熟期企业经历了较长时间的运营，拥有更丰富的资源和资

---

① 陈国华，李琛，赵恬婧，等．数字化转型对企业韧性的影响效应及作用机制［J］．江苏海洋大学学报（人文社会科学版），2024，22（2）：97-109.

② 杨阳，王凤彬，孙春艳．集团化企业决策权配置研究——基于母子公司治理距离的视角［J］．中国工业经济，2015（1）：108-120.

③ 刘瑞明．中国的国有企业效率：一个文献综述［J］．世界经济，2013，36（11）：136-160.

本积累，这些资源不仅包括财务、人力资本，还有品牌影响力、客户资源、营销渠道等无形资产。这些资源积累为企业的数字化转型提供了更坚实的基础，从而更有效地提升了全要素生产率。

表5-10 异质性分析表

变量	产权性质		成长周期		地区数字金融水平	
	(1)	(2)	(3)	(4)	(5)	(6)
	国有企业	非国有企业	成长期	成熟期	高水平	低水平
Digital	0.080*** (3.330)	0.046** (1.990)	0.040 (1.324)	0.096*** (3.491)	0.056** (1.989)	0.043** (1.984)
常数项	10.592*** (40.480)	11.660*** (31.030)	9.942*** (22.987)	10.526*** (30.978)	10.596*** (35.560)	14.132*** (30.238)
控制变量	控制	控制	控制	控制	控制	控制
公司	控制	控制	控制	控制	控制	控制
年份	控制	控制	控制	控制	控制	控制
观测值	368	184	256	296	276	276
R^2	0.815	0.767	0.947	0.950	0.968	0.964

资料来源：作者整理。

（3）地区数字金融发展水平的异质性

考虑到企业所处地区的数字金融水平不同，对企业全要素生产率的影响也不同，按照企业所在地区的数字普惠金融指数将企业分为高水平和低水平。结果见表5-10的列（5）和列（6），无论是高水平还是低水平，均在5%水平上显著，但高水平的回归系数要高于低水平，说明企业所在地区的数字金融发展水平越高，数字化对全要素生产率的提升效果越好。可能是因为高水平地区的金融科技基础设施较为完善，能够为企业提供更为便捷的融资渠道、更低的交易成本和更灵活的资本管理方案，有利于企业高效配置资源，加快企业的数字化转型进度。此外，成功企业会在该地区形成示范效应，在激烈的市场竞争条件下，推动其他企业通过数字化发展提高竞争力，形成差异化竞争优势，从而提升企业的全要素生产率。

5.5 作用渠道与机制检验

通过前文实证可知，数字化转型能提升企业的全要素生产率，但尚未得知数字化转型是通过何种渠道促进全要素生产率提升的。因此本部分主要分析影响机制，探讨数字化转型如何促进全要素生产率的提升，其作用渠道具体包括创新绩效数量和创新绩效质量。

5.5.1 创新绩效数量

创新绩效数量反映了企业的创新产出水平。随着企业数字化转型程度的加深，生产设备也逐渐向着数字化、智能化转变，企业的创新水平得到了一定程度的提高，研发成功率也有所提高，创新技术数量实现了量的转变，为其质的转变提供基础条件，最终促进企业全要素生产率的提高。为了验证上述分析，使用模型（5-2）和模型（5-3）对其影响机制进行分析，分析结果如表5-11所示。列（1）是数字化转型对全要素生产率的回归，列（2）是加入控制变量以及双向固定效应后的数字化转型对创新绩效数量的回归，在10%水平上显著，表明数字化转型可以促进创新绩效数量的增加。列（3）是加入中介变量后的回归结果，数字化转型程度的回归系数小于列（1）的回归系数，为0.072，在1%水平上显著，创新绩效数量的回归系数是0.028，在5%水平上显著，体现了在企业数字化转型进程中，可以以创新绩效数量为载体，实现高水平全要素生产率的转变，证明假设5-2a成立。

表5-11　　创新绩效数量中介作用表

变量	(1)	(2)	(3)
	TFP	Patent	TFP
Digital	0.075** (2.446)	0.119* (1.733)	0.072*** (3.601)
Patent			0.028** (2.136)
控制变量	控制	控制	控制
常数项	10.211*** (22.512)	3.254*** (4.064)	10.492*** (44.501)
年份	控制	控制	控制
公司	控制	控制	控制
观测值	552	552	552
R^2	0.942	0.029	0.739
F		3.934	73.847

资料来源：作者整理。

5.5.2　创新绩效质量

创新绩效质量是企业创新活动的直接量化体现。企业数字化转型程度深的企业，由于其创新活动的活跃，通常会有较高的创新绩效质量，且企业内部逐渐智能化、标准化的研发流程，提高了企业的专利申请效率，申请周期缩短，使得更多的创新成果能够及时转为专利并获得授权，从而促进企业的高质量发展，实现全要素生产率的提高。为了验证上述分析，使用模型（5-2）和模型（5-3）对其影响机制进行分析，分析结果如表5-12所示。列（1）是数字化转型对全要素生产率的回归，列（2）是加入控制变量以及双向固定效应后的数字化转型对创新绩效质量的回归，回归系数为0.062，不具有显著性。列（3）是加入中介变量后的回归结果，创新绩效质量的回归系数是0.013，不具有显著性，证明假设5-2b不成立，企业无法由数字化转型通过创新绩效质量促进全要素生产率的提升。其原因可能有以下几点：一是建筑业的企业大部分处于数字化转型初级阶段，企业的创新技术未能得到有效应用；二是部分企业可能由于数字化投入过多，占据企业过多资源造成资源分配不均匀，从而对创新绩效产生负面影响，不利于企业全要素生产率的提升（申宏、闫鑫、乐菲菲，2023）①；三是企业内部研发流程较为烦琐，使得企业申请专利时间加长，从而延长其授权时间。

表5-12 创新绩效质量中介作用表

变量	(1)	(2)	(3)
	TFP	Patent2	TFP
Digital	0.075** (2.446)	0.062 (1.043)	0.074*** (3.721)
Patent2			0.013 (0.870)
控制变量	控制	控制	控制
常数项	10.211*** (22.512)	2.998*** (4.304)	10.544*** (44.457)
年份	控制	控制	控制
公司	控制	控制	控制
观测值	552	552	552
R^2	0.942	0.110	0.737
F		6.388	73.100

资料来源：作者整理。

① 申宏，闫鑫，乐菲菲．建筑业上市公司数字化转型对创新效率的影响研究——基于“数字化悖论”视角［J］．山东商业职业技术学院学报，2023，23（6）：1-8.

5.6 对比分析

5.6.1 研究方法对比

LP法是目前学者测算全要素生产率使用最多的方法之一，它考虑了传统的索洛残差法可能导致同时性偏差和样本选择偏差问题。DEA-Malmquist指数法是假定规模报酬可变，避开了设置具体的生产函数，只需要输入量和输出量，不需要有关价格信息。Fare-Primont方法可以分析TFP的纵向变化趋势，且可以获得TFP的水平值，从而对其进行横向分析。从时间趋势上看，出现最早的是C-D生产函数法，其次为DEA-Malmquist指数法和Fare-Primont方法。目前，在针对企业全要素生产率的研究方法上，学者大多使用LP法分析，较少使用DEA-Malmquist指数法和Fare-Primont方法。从表5-13可以看出，在控制变量以及年份不变的情况下，其数字化转型程度的回归系数、方向及显著程度均有所不同，其原因可能是指标和方法的不同，导致出现差异化结果。整体来看，采用Fare-Primont方法测算的主要变量系数与LP法测算的系数差距较小，最大的区别是两者的显著效应不同。

5.6.2 描述回归分析

如表5-13所示，其回归分析年份为2015—2021年，从列（1）到列（5）为采用不同方法测算的全要素生产率（TFP）或绿色全要素生产率（GTFP）对数字化转型程度的回归结果。列（1）的被解释变量是采用LP法测算的TFP值，列（2）为采用DEA-Malmquist指数法测算的TFP值，列（3）为采用超效率SBM模型测算的GTFP值，列（4）为采用Fare-Primont方法测算的TFP值，列（5）为采用Fare-Primont法测算的GTFP值。从表中可以看出，列（1）的回归系数为0.070，表示数字化转型程度每变动1单位，TFP将变动0.070单位，在1%水平上显著；列（5）的回归系数为0.132，表示数字化转型程度每变动1单位，TFP将变动0.132单位，在5%水平上显著；其余均不显著，且列（2）中系数为负，说明数字化转型程度对全要素生产率具有负向影响，其原因可能是企业的数字化投入过多，使得企业分配资源不均，从而影响企业全要素生产率。武常岐等（2022）①与王晓红、李娜和陈宇（2022）②认为数字化转型与全要素生产率之间存在倒U形关系。

表5-13　四种测算方法下的TFP和GTFP值

变量	(1)	(2)	(3)	(4)	(5)
	LP-TFP	DEA-TFP	DEA-SBM-GTFP	FP-TFP	FP-GTFP
Digital	0.070***	-0.021	0.773	0.092	0.132**
	(2.660)	(-0.122)	(0.103)	(1.456)	(2.313)
FixAsset	-5.261***	-0.461	21.292	-3.310*	-0.388
	(-5.093)	(-0.307)	(0.093)	(-1.753)	(-0.184)
Lev	1.149***	-1.533**	-55.811	2.869***	2.924***
	(2.615)	(-1.969)	(-0.749)	(2.687)	(3.282)
ATO	1.694***	-0.024	82.038	2.956***	2.314***
	(11.098)	(-0.041)	(0.868)	(5.043)	(4.574)
TOP1	1.543***	-1.875*	31.021	3.324***	0.229
	(5.048)	(-1.925)	(0.295)	(3.637)	(0.274)
Balance	0.135**	-0.011	3.708	0.186	0.418*
	(2.258)	(-0.058)	(0.145)	(1.015)	(1.936)
Growth	0.026	0.020	-4.039	-0.068*	-0.129***
	(1.625)	(0.705)	(-0.978)	(-1.913)	(-3.905)

① 武常岐，张昆贤，周欣雨，等．数字化转型、竞争战略选择与企业高质量发展——基于机器学习与文本分析的证据［J］．经济管理，2022，44（4）：5-22．

② 王晓红，李娜，陈宇．冗余资源调节、数字化转型与企业高质量发展［J］．山西财经大学学报，2022，44（8）：72-84．

续表

变量	(1)	(2)	(3)	(4)	(5)
	LP-TFP	DEA-TFP	DEA-SBM-GTFP	FP-TFP	FP-GTFP
ROA	0.474	-0.696	-218.669	1.164	1.071
	(0.966)	(-1.126)	(-1.065)	(1.459)	(1.574)
Indep	0.382	-0.036	-112.606	-0.310	1.390*
	(0.730)	(-0.043)	(-1.596)	(-0.401)	(1.713)
SOE	-0.125*	-0.282	-24.936	-0.410**	-0.319*
	(-1.812)	(-0.956)	(-0.843)	(-2.504)	(-1.894)
_cons	10.246***	3.218***	-6.323	-2.927***	-2.421***
	(26.489)	(2.871)	(-0.057)	(-2.799)	(-2.838)
Year fe	Yes	Yes	Yes	Yes	Yes
ID	Yes	Yes	Yes	Yes	Yes
N	322	322	322	322	322
r2_a	0.973	-0.032	0.024	0.799	0.589
F	467.442	1.294	2.548	44.886	33.811

注：***、**、*分别表示在1%、5%、10%水平上显著。

资料来源：作者整理。

5.6.3 总样本分析

由于用超效率SBM模型测算的GTFP极端值较大，因此对其余四种样本数据进行估计。从图5-1可以看出，数值均值计算最大的为LP法，其他依次为Fare-Primont法测算的TFP值和GTFP值、DEA-Malmquist指数法测算的TFP值。LP法对其他方法的测算值具有放大效应。四种样本的性状相似，但DEA-Malmquist指数法测算的TFP值峰度要高于其他三种，在此处数据密集度较高，峰度值达到了99.865。偏度上，Fare-Primont法测算的GTFP偏度小于0，分布呈负偏态，其余三种均为正值，分布呈正偏态。四种类型中，DEA-Malmquist指数法测算的TFP的偏度绝对值最大，达到了8.003，说明该方法下有更多的值在众数右侧。

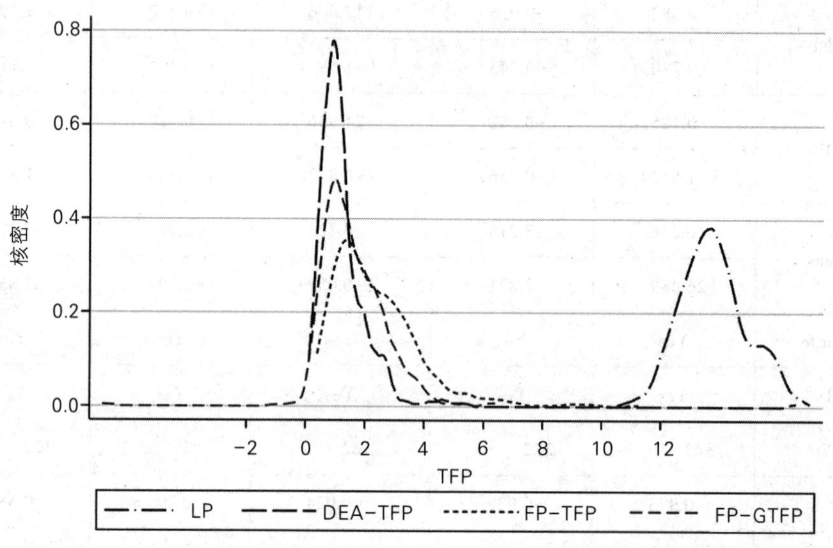

图5-1 TFP值的核密度函数图（LP、DEA和FP法比较）

资料来源：作者整理。

5.7 结论与建议

5.7.1 结论

本章采取建筑业沪深A股46家上市公司数据，实证检验企业数字化转型对全要素生产率的影响，并分析两者之间的影响机制。分析结论如下：第一，数字化转型对全要素生产率具有显著的正向作用，并且在经过内生性检验和稳健性检验后可以得到证明。第二，异质性分析得出，国有性质、成熟期以及位于数字金融发展高水平地区的企业数字化转型对于全要素生产率的促进作用更为显著。第三，机制分析得出，数字化转型可以在提高创新绩效数量的基础上提升全要素生产率，但是，创新绩效质量的中介作用未能得到验证，其原因可能有以下几点：一是建筑业的企业大部分处于数字化转型初级阶段，企业的创新技术未能得到有效应用；二是部分企业过多的数字化投入使得企业资源分配不均，从而对创新绩效产生负面影响，不利于全要素生产率的促进；三是企业内部研发流程较为烦琐，使得企业申请专利时间加长，从而延长其授权时间。

5.7.2 建议

第一，数字化转型是发展新质生产力的必要措施，同时也是经济高质量发展的关键举措。建筑业的各企业应优化企业内部和外部的各种资源要素和组织结构，充分利用数据要素，促进各个要素之间的流动循环，实现数字建筑与实体建筑的融合。在数字化转型上，努力实现由无到有，由有到优的高质量转变，进而促进企业的全要素生产率，最终促进新质生产力的发展。

第二，技术创新不仅是实现企业可持续发展和经济增长的关键举措，也是推动产品绿色发展的重要途径。一方面，针对数字化转型初级阶段的各个企业，应根据企业实际情况加大研发投入，保障内部研发人才的经济利益。同时，重视数据要素的流动，以数字化平台为载体，构建信息共享系统，与各个高校、人才培养基地、供应商、科研机构等多方合作，实现信息的互联互通以及人才的培养，从而提高企业的创新水平。除此之外，各企业在优化战略的基础上，应合理进行数字化投资，基于企业真实情况不断改变数字技术创新发展战略，不能忽略企业自身资源和能力而任意加大数字投入。另一方面，深化建筑业基础研究和创新实践的融合。推动各种数字技术在规划、勘察、设计、生产等各方面的集成应用，搭建企业内部的建筑数据共享平台，推动企业建设项目的优化，为科学决策提供依据。加大人工智能、数据分析、5G等数字技术与建筑的融合，实现建筑流程的智能化和数字化。同时也要重视企业的内部结构，优化企业内部研发流程，提高管理效率，利用最短的时间申请专利，从而缩短其专利获得与授权时间。

第三，企业的数字化转型离不开政府的引导。政府应加强数字基础设施整体建设，推动建筑业数字化与实体化的深度融合。同时，还要重视数字化发展的整体规划，加强政策引导，根据企业的不同规模实施差异化扶持政策，调动非国有企业的积极性，从而实现经济的均衡发展。

6 ESG表现对建筑企业全要素生产率的影响机制

目前，我国已经进入高质量发展阶段，全面提升全要素生产率是促进经济高质量发展的关键。ESG理念是可持续发展的理念，契合我国绿色发展、碳达峰碳中和等一系列发展理念。为了探究ESG能否通过提高全要素生产率来实现企业高质量发展，本章使用建筑业上市企业2012—2022年的数据，研究建筑企业ESG表现对全要素生产率的影响。

6.1 引言

目前，我国已经进入了高质量发展阶段，高质量发展是我国全面建设社会主义现代化国家的首要任务。全要素生产率的提高是企业高质量发展的重要表现，体现了企业所有投入要素的使用效率，是企业高质量发展的微观基础，党的二十大报告强调着力提高全要素生产率，推动高质量发展。[①]建筑业作为我国的传统支柱性产业，能源消耗极大，碳排放占比较高，生产效率较低，为此我国各省份纷纷出台政策，推动建筑业转型升级，实现建筑业高质量发展。提高建筑业的全要素生产率、实现建筑企业高质量发展的任务迫在眉睫。ESG是一种新的可持续发展理念，是实现经济发展和企业可持续发展的有效抓手（李井林等，2021）[②]，杨建春、朱桂芳

① 习近平．高举中国特色社会主义伟大旗帜 为全面建设社会主义现代化国家而团结奋斗——在中国共产党第二十次全国代表大会上的报告［EB/OL］．（2022-10-25）［2024-11-07］．https：//www.gov.cn/xinwen/2022-10/25/content_5721685.htm.

② 李井林，阳镇，陈劲，等．ESG促进企业绩效的机制研究——基于企业创新的视角［J］．科学学与科学技术管理，2021，42（9）：71-89.

和王站杰（2023）[①]研究发现，良好的ESG表现可以帮助企业提升全要素生产率。因此，本章研究建筑企业ESG表现对全要素生产率的影响，并探究这种影响的作用机制和企业在不同生命周期时ESG表现对全要素生产率的影响有什么差异，这对于建筑业实现高质量发展具有重要的理论意义和现实价值。

已有文献主要从ESG表现、ESG绩效、ESG信息披露、ESG责任履行几个方面研究ESG和全要素生产率的关系。在ESG表现方面，良好的ESG表现可以通过帮助企业树立良好的形象（杨晋华、郝晓雁，2023）[②]、使企业具有更高的商誉（李珂睿，2023）[③]、提升企业创新水平（王三兴、王子明，2023）[④]、完善企业内部控制（陈玲芳，2022）[⑤]、降低融资约束（焦麟涵，2023）[⑥]和加大研发投入力度（符加林、黄晓红，2023）[⑦]等方面提高企业全要素生产率，解决信息不对称问题和提高媒体关注度也是ESG表现提升全要素生产率的重要途径（束晶晶，2023）[⑧]。从ESG绩效来看，企业好的ESG绩效可以提升全要素生产率，这种影响具有滞后作用（宣敏，2022）[⑨]。在ESG信息披露方面，ESG信息披露有助于提高全要素生产率，融资约束、研发效率可以起到部分中介作用（彭柯，2022）[⑩]，内部控制、审计质量和绿色创新均可以强化ESG信息披露对企业全要

① 杨建春，朱桂芳，王站杰．ESG表现对企业全要素生产率的影响［J］．财会月刊，2023，44（19）：31-37．

② 杨晋华，郝晓雁．企业ESG表现与全要素生产率提升——基于财务柔性与媒体监督的调节作用［J］．会计之友，2023（19）：129-137．

③ 李珂睿．企业ESG表现对全要素生产率的影响［D］．沈阳：辽宁大学，2023．

④ 王三兴，王子明．企业ESG表现、创新与全要素生产率［J］．宏观经济研究，2023（11）：62-74．

⑤ 陈玲芳．林业企业ESG表现对全要素生产率的影响研究［J］．林业经济问题，2022，42（5）：532-539．

⑥ 焦麟涵．ESG对企业全要素生产率的影响研究［D］．郑州：河南财经政法大学，2023．

⑦ 符加林，黄晓红．企业ESG表现如何影响企业全要素生产率？［J］．经济经纬，2023，40（3）：108-117．

⑧ 束晶晶．ESG表现对企业全要素生产率的影响及其机制研究［D］．南昌：江西财经大学，2023．

⑨ 宣敏．ESG绩效影响企业全要素生产率吗？［D］．大连：东北财经大学，2022．

⑩ 彭柯．ESG信息披露能提高企业全要素生产率吗？［D］．武汉：武汉理工大学，2022．

素生产率的促进作用（郭毓东、洪扬，2023）[①]。在ESG责任履行方面，ESG责任履行能够提高企业全要素生产率，这一结论在环境、社会和公司治理中同样适用（喻骅、葛军、陈良华，2023）[②]，企业还可以通过降低成本费用、减少低效率投资多重机制（李甜甜、李金甜，2023）[③]，促进企业全要素生产率提升。

已有文献对本章有一定的借鉴意义，但是从学者们在企业ESG对全要素生产率影响的研究中可以发现，针对行业的研究很少，针对建筑业的研究更是缺乏。建筑业碳排放量大，是全球碳减排的重要领域，研究建筑企业ESG表现对全要素生产率的影响对提高建筑企业全要素生产率、实现高质量发展和减少能耗有重要意义。因此，本章利用建筑业46家上市公司2012—2022年的数据，研究建筑企业ESG表现对全要素生产率的影响并探究其作用机制，同时分析企业在不同生命周期ESG表现对全要素生产率的影响有何差异，据此提出促进建筑企业全要素生产率提升的建议。

6.2 理论分析与研究假设

6.2.1 企业ESG表现对全要素生产率的影响

首先，在环境方面，环境表现好的企业形象和声誉更好，更容易建立自身的竞争优势，有助于企业在市场竞争中脱颖而出，并获得投资者的支持和信任。这不仅让企业更容易获取发展所需的各种资源，还可以减少企业和股东之间的委托交易费用，从而提高企业的运营效率，实现全要素生产率的提升（王波、杨茂佳，

---

① 郭毓东，洪扬．ESG信息披露如何影响企业全要素生产率？——基于A股上市公司的经验证据［J］．武汉金融，2023（7）：13-22．

② 喻骅，葛军，陈良华．环境不确定性、ESG责任履行与企业全要素生产率［J］．科学决策，2023，（10）：71-88．

③ 李甜甜，李金甜．绿色治理如何赋能高质量发展：基于ESG履责和全要素生产率关系的解释［J］．会计研究，2023（6）：78-98．

2022）[①]。其次，在社会责任视角下，企业在履行社会责任时，能够更好地满足利益相关者的要求，促进全要素生产率的提升（李旭思、芮雪琴，2021）[②]。企业的社会责任表现越好，企业内部治理就越好，企业会考虑员工的需求，借此提高员工满意度，增加员工福利，通过提高员工的工作效率来提升全要素生产率。最后，在公司治理方面，良好的公司治理水平能够更好地监督管理者的行为，增强管理者决策的科学性，避免管理者做出错误决策，同时治理水平良好可以提高企业的系统效率，通过日常的培训提高员工工作技能，提高员工熟练度，进而提高全要素生产率。基于此，提出假设6-1：

假设6-1：建筑企业ESG表现良好可以提高全要素生产率。

6.2.2 ESG表现通过降低融资约束提高全要素生产率

随着人们意识到环境对生活的重要性，人们的环保意识不断增强，越来越多的人在日常生活中注重环境保护，环境绩效也成为了评价企业好坏的标准之一，环境友好型企业更容易得到市场关注。所以，越是具有良好环境绩效的企业，越容易获得外部的资金支持和银行的优惠贷款（王琳璘、廉永辉、董捷，2022）[③]。企业的融资约束可以通过外部资金支持和银行优惠贷款得到有效缓解，这减轻了企业财务压力，使企业因此有了足够的资金投入到发展中，提高了全要素生产率。此外，企业社会责任履行还可以提高企业声誉，企业较高的声誉降低了由于信息不对称产生的交易成本，而信息不对称是导致企业融资约束最重要的原因，因此企业社会责任的良好表现能够提升企业整体生产力（何贤杰、肖土盛、陈信元，2012）[④]。同

① 王波，杨茂佳．ESG表现对企业价值的影响机制研究——来自我国A股上市公司的经验证据［J］．软科学，2022，36（6）：78-84.

② 李旭思，芮雪琴．社会责任履行对煤炭企业全要素生产率影响的实证分析［J］．煤炭工程，2021，53（12）：184-188.

③ 王琳璘，廉永辉，董捷．ESG表现对企业价值的影响机制研究［J］．证券市场导报，2022（5）：23-34.

④ 何贤杰，肖土盛，陈信元．企业社会责任信息披露与公司融资约束［J］．财经研究，2012，38（8）：60-71；83.

时，有效的公司治理能够发挥更强的监管功能，在严格的监管下，管理层会最大限度地做出正确决策，减少企业的经营风险（解维敏、唐清泉，2013）[①]，降低投资者对企业的不信任程度，更愿意给予企业资金支持，降低融资约束，提高全要素生产率。基于此，提出假设6-2：

假设6-2：ESG表现通过降低融资约束提高全要素生产率。

6.2.3 ESG表现通过企业创新提高全要素生产率

在环境方面，环境表现好的企业会使用环保材料，节约生产过程中的能耗，这时就需要企业增加研发投入，研发出环保材料，来提高企业的全要素生产率。同时，环境表现好的企业也可以吸引一些具有环保理念的投资者，为企业的研发提供资金，从而提高企业生产力。在社会责任层面，企业可以将自己注重社会责任的理念传递给人才市场，以此吸引与企业具有相同理念的杰出研发人才，从而提高研发效率和企业竞争力。企业承担社会责任是一个长期持续的过程，企业通过履行社会责任达到与利益相关者之间的利益均衡。企业在履行社会责任上表现越好，就越能得到投资者和社会公众的信任，获得更多的社会资源。这些社会资源会进一步转变为企业的资本，这意味着企业有足够的资金进行创新活动，促进企业生产效率和全要素生产率的提高。在公司治理方面，公司治理越好，公司的资金就越安全，经营效率就越高，这样的企业更容易获得资金投入，有更多的资金用于研发创新，进而提高企业生产效率。与此同时，还可以在某种程度上防止管理者为了眼前的利益而忽视企业的长期发展，从而抑制全要素生产率的提高。基于此，提出假设6-3：

假设6-3：ESG表现通过促进创新提高全要素生产率。

① 解维敏，唐清泉．公司治理与风险承担——来自中国上市公司的经验证据［J］．财经问题研究，2013（1）：91-97.

6.3 研究方案设计

6.3.1 样本选择和数据来源

本章选取2012—2022年建筑业46家上市公司的数据为样本，并对数据进行以下处理：（1）剔除样本期间内被ST、*ST的样本；（2）删除数据缺失的样本；（3）对数据进行1%和99%分位的缩尾处理。经过一系列处理，本章共得到了506个观测值。本章的ESG数据来自Wind数据库，其余数据均来自CSMAR数据库。在分析时，首先利用Excel软件对数据进行加工整理，再用Stata软件对数据进行回归分析。

6.3.2 变量设计

（1）被解释变量

本章以全要素生产率作为被解释变量，现有文献测算全要素生产率的方法主要有OLS法、OP法、FE法和LP法。鲁晓东和连玉君（2012）①研究发现，LP法可以较好地解决样本数据的内生性问题和偏差问题，同时由于LP法允许研究者根据已有数据灵活选择代理变量，因此本章在研究ESG表现和全要素生产率的关系时选择LP法测算企业的全要素生产率，而将OP法测算的全要素生产率用于稳健性检验，并在6.5节中对比分析LP法、DEA-Malmquist指数法、超效率SBM模型以及Fare-Primont方法测算的TFP值。

（2）解释变量

本章的解释变量是企业的ESG表现。综观已有文献，大部分文献采用ESG评

① 鲁晓东，连玉君．中国工业企业全要素生产率估计：1999—2007［J］．经济学（季刊），2012，11（2）：541-558.

级数据来衡量企业的ESG表现。国内外的评级机构虽然有很多，但是它们在评级标准、指标选取以及覆盖范围上都不尽相同。由于华证ESG评级覆盖范围广，涵盖传统行业和新兴行业的企业，采用标准化评分方法，并且不受主观因素的影响，因此本章采用华证ESG评级来衡量企业的ESG表现。华证ESG评级分为AAA、AA、A、BBB、BB、B、CCC、CC、C九个等级，为了便于进行实证分析，本章借鉴已有学者的研究对九个等级分别进行赋值，从AAA到C依次赋值9到1，将AAA赋值为9，AA赋值为8，A赋值为7，BBB赋值为6，BB赋值为5，B赋值为4，CCC赋值为3，CC赋值为2，C赋值为1。

（3）中介变量

根据前文的理论分析，为了研究ESG表现是否通过降低融资约束提升全要素生产率，本章选取了融资约束（KZ）和企业创新（RD）两个中介变量来进行分析。具体定义如下：

融资约束：在融资约束的衡量上，本章采用Kaplan和Zingales构建的KZ指数。KZ指数越大，企业面临的融资约束的困境就越严重。

企业创新：本章采用企业的专利申请数量加1取自然对数（RD）来衡量。

（4）控制变量

参考已有学者的研究，本章选取资产负债率、经营现金流、企业成立年限、企业规模、成长能力、两职合一、托宾Q值和股权集中度作为控制变量。变量的具体定义见表6-1。

表6-1　　变量具体定义

变量类型	变量名称	变量符号	变量定义
被解释变量	全要素生产率	TFP	LP法测算全要素生产率
解释变量	企业的ESG表现	ESG	根据华证ESG评级赋值1~9

续表

变量类型	变量名称	变量符号	变量定义
中介变量	融资约束	KZ	KZ指数
	企业创新	RD	企业当年的专利申请数量加1取自然对数
控制变量	资产负债率	Lev	期末负债总额/期末资产总额
	经营现金流	Cfo	公司经营活动产生的现金流量与总资产的比值
	企业成立年限	Age	企业成立年限取自然对数
	企业规模	Size	员工总人数取自然对数
	成长能力	Growth	本年营业收入/上年营业收入-1
	两职合一	Power	董事长与总经理是否为同一人，是为1，否为0
	托宾Q值	TobinQ	（流通股市值+非流通股股数*每股净资产+负债账面价值）/总资产账面价值
	股权集中度	Top10	前十大股东持股比例之和

资料来源：作者整理。

6.3.3 模型构建

根据假设6-1，本章构建基准模型6-1进行实证分析：

$$TFP_{it} = \alpha_0 + \alpha_1 ESG_{it} + \alpha_2 Control_{it} + \sum Stock + \sum Year + \varepsilon_{it} \tag{6-1}$$

在模型6-1中，TFP_{it}是被解释变量，用LP方法进行测算；ESG_{it}是解释变量，为赋值之后的ESG评级；$Control_{it}$代表所有的控制变量，包括资产负债率、经营现金流、托宾Q值和股权集中度等；Stock和Year表示个体和年份效应，ε_{it}是残差项。在模型6-1中，主要观测ESG的回归系数α_1，如果α_1明显大于0，即验证了假设6-1。

为了研究降低企业融资约束和提高企业创新水平是不是建筑企业ESG表现影

响全要素生产率的路径，本章参考温忠麟和叶宝娟（2014）①的研究，构建了以下中介效应模型来验证假设6-2，模型构建如下：

$$KZ_{it} = \beta_0 + \beta_1 ESG_{it} + \beta_2 Control_{it} + \sum Stock + Year + \varepsilon_{it} \tag{6-2}$$

$$TFP_{it} = \gamma_0 + \gamma_1 ESG_{it} + \gamma_2 KZ_{it} + \gamma_3 Control_{it} + \sum Stock + Year + \varepsilon_{it} \tag{6-3}$$

$$RD_{it} = \beta_3 + \beta_4 ESG_{it} + \beta_5 Control_{it} + \sum Stock + Year + \varepsilon_{it} \tag{6-4}$$

$$TFP_{it} = \gamma_4 + \gamma_5 ESG_{it} + \gamma_6 RD_{it} + \gamma_7 Control_{it} + \sum Stock + Year + \varepsilon_{it} \tag{6-5}$$

模型6-2和模型6-4中被解释变量为融资约束和企业创新，解释变量是企业的ESG表现；模型6-3和模型6-5都是在模型6-1的基础上加入了中介变量。本章主要结合这五个模型分析融资约束和企业创新是否在ESG表现影响全要素生产率中发挥中介作用。根据温忠麟和叶宝娟的中介效应检验流程，首先检验模型6-1的系数α_1，α_1为正才可以进行以下的步骤；接着检验模型6-2、模型6-4的系数β_1、β_4，系数显著就对模型6-3、模型6-5进行检验，如果模型6-3、模型6-5系数γ_2、γ_6显著为正，且γ_1、γ_5也显著为正，那么就说明融资约束、企业创新在ESG表现影响全要素生产率中发挥中介作用。

6.3.4 描述性统计

表6-2显示了描述性统计的结果。一共有506个观测值，变量已经进行了缩尾处理。TFP的最小值、最大值、均值和标准差分别为11.161、16.259、13.691和1.130，可以看出建筑企业全要素生产率总体上看处于一个较高的水平，不同企业之间存在着明显的差异。ESG的均值、最小值、最大值和中间值分别为3.982、2、6和4，表明建筑业的ESG评级处于一个较低的水平，整体上建筑企业的评级以B级为主。ESG标准差为0.913，说明企业之间存在明显差距。

表6-2的各个控制变量中，企业规模（Size）均值、标准差、最小值和最大值分

① 温忠麟，叶宝娟．中介效应分析：方法和模型发展［J］．心理科学进展，2014，22（5）：731-745.

别为8.575、1.776、5.849和12.604，说明建筑企业在公司规模方面差异比较大。股权集中度（Top10）标准差达到了21.33，最大值89.46，最小值2.82，均值45.612，说明样本企业的股权集中度差距是非常大的。除此之外，建筑企业的资产负债率（Lev）、TobinQ值和成长性（Growth）等变量的标准差比较小，说明企业在偿债能力、企业价值等方面差距较小。

表6-2 描述性统计

变量	观测值	均值	标准差	最小值	中间值	最大值
TFP	506	13.691	1.130	11.161	13.592	16.259
ESG	506	3.982	0.913	2.000	4.000	6.000
Size	506	8.575	1.776	5.849	8.244	12.604
Lev	506	0.692	0.153	0.186	0.724	0.923
Age	506	2.828	0.447	1.609	2.944	3.526
Growth	506	0.170	0.438	-0.492	0.100	2.712
Cfo	506	0.593	0.255	0.143	0.550	1.420
TobinQ	506	1.257	0.416	0.844	1.116	3.095
Top10	506	45.612	21.330	2.820	47.764	89.460
Power	506	0.121	0.326	0.000	0.000	1.000
KZ	506	2.666	1.488	-1.950	2.831	5.787
RD	506	0.986	1.225	0.000	0.693	4.812

资料来源：作者整理。

6.4 实证研究与结果

6.4.1 相关性分析

如表6-3所示，建筑企业的TFP和ESG的相关系数显著为正，说明建筑企业的

ESG表现与全要素生产率之间存在着正向关系，初步验证了假设6-1。表6-3仅显示了变量间的相关性，要想得到更为准确的结果，还需要对数据进行回归分析。在控制变量中，TFP与Size，Lev，Cfo、Top10和KZ的相关系数均为正，并且系数均在1%的水平上显著。Age、TobinQ和Power与TFP之间存在着明显的负相关关系。Growth、RD与TFP之间没有显著相关性。除了Size和TFP的相关系数达到了0.817之外，其他的相关系数均小于0.7，这也就意味着本章采用的回归模型中，自变量之间的相互影响比较小，模型存在多重共线性的可能不大。

表6-3 相关性分析

变量	TFP	ESG	Size	Lev	Age	Growth
TFP	1.000					
ESG	0.321***	1.000				
Size	0.817***	0.369***	1.000			
Lev	0.531***	−0.085*	0.443***	1.000		
Age	−0.197***	−0.154***	−0.432***	−0.031	1.000	
Growth	0.051	−0.050	−0.013	−0.004	0.036	1.000
Cfo	0.385***	0.163***	0.349***	0.165***	−0.161***	0.008
TobinQ	−0.491***	−0.114**	−0.419***	−0.500***	−0.012	0.041
Top10	0.451***	0.273***	0.442***	0.147***	−0.134***	−0.220***
Power	−0.097**	−0.046	−0.112**	−0.074*	0.079*	−0.025
KZ	0.155***	−0.222***	0.164***	0.551***	−0.050	0.010
RD	0.052	0.113**	0.019	−0.040	−0.003	−0.031
变量	Cfo	TobinQ	Top10	Power	KZ	RD
Cfo	1.000					
TobinQ	0.053	1.000				
Top10	0.292***	−0.080*	1.000			
Power	−0.130***	0.100**	−0.004	1.000		
KZ	−0.189***	−0.310***	−0.091**	−0.010	1.000	
RD	0.055	0.027	0.065	−0.101**	−0.039	1.000

注：***、**、*分别表示在1%、5%、10%水平上显著。

资料来源：作者整理。

进一步，为了测量变量之间是否存在多重共线性，从而影响后续的实证分析结果，本章对主要变量进行了方差膨胀因子检验，结果如表6-4所示。结果显示各变量的VIF值在1.03至2.61之间，均值为1.53，均远远小于10。因此，可以判断各变量间不存在明显的多重共线性问题。

表6-4 方差膨胀因子检验表

变量	VIF	1/VIF
Size	2.610	0.384
Lev	2.200	0.454
KZ	1.720	0.582
TobinQ	1.630	0.615
Top10	1.430	0.697
Cfo	1.390	0.720
Age	1.360	0.734
ESG	1.350	0.738
Growth	1.080	0.930
Power	1.050	0.955
RD	1.030	0.971
均值	1.530	

资料来源：作者整理。

6.4.2 实证结果分析

（1）基准回归

表6-5展示了基准回归结果。列（1）没有加入控制变量、控制年份和个体效应，列（2）和列（3）逐步控制了年份和个体效应，加入了控制变量。可以看出，三列回归结果中ESG的回归系数均显著为正，这说明了建筑企业的ESG表现良好

可以提升全要素生产率（TFP），验证了假设6-1。

如表6-5所示，企业规模（Size）和资产负债率（Lev）等控制变量的回归系数显著为正，这说明随着企业的不断扩张和发展，企业的全要素生产率也呈现出相应的增长趋势。这是由于规模更大、成长性更好的企业具有更强的现金流，企业向外界展示的经营能力就更强，更容易博得投资者的青睐，从而获得外部投资。这些资金为企业的生产经营和研发创新提供了有力的支撑，从而进一步提高了全要素生产率。企业成立年限（Age）回归系数显著为负，这表明随着企业成立年限增加，全要素生产率反而会降低。TobinQ、两职合一（Power）和股权集中度（Top10）回归系数并不显著，对全要素生产率没有明显的影响。

表6-5 基准回归结果

	(1)	(2)	(3)
变量	TFP	TFP	TFP
ESG	0.397***	0.062*	0.071***
	(7.5998)	(1.8876)	(2.7356)
Size			0.356***
			(8.9537)
Lev			0.505**
			(2.2353)
Age			-0.501**
			(-2.5468)
Cfo			1.082***
			(7.3806)
TobinQ			0.021
			(0.3069)

续表

变量	(1) TFP	(2) TFP	(3) TFP
Top10			0.000
			(0.2559)
Power			0.037
			(0.6218)
Constant	12.110***	12.463***	9.867***
	(56.7606)	(58.8341)	(13.6296)
Year fe	No	Yes	Yes
Stock fe	No	Yes	Yes
N	506	506	506
Adjusted_R^2	0.101	0.833	0.899

注：***、**、*分别表示在1%、5%、10%水平上显著；括号内为t值。

资料来源：作者整理。

（2）中介效应检验

①融资约束的中介效应

表6-6展示了融资约束作为中介变量的回归结果。列（1）是基准回归的结果，列（2）是ESG对融资约束影响的回归结果，列（3）是加入了中介变量融资约束之后的回归结果。可以看出，ESG和KZ的回归系数显著为负，说明建筑企业ESG表现与融资约束之间存在着一定的负向关系，且ESG的系数为-0.187，即企业ESG表现越好，越能降低建筑企业的融资约束。列（3）的结果表明，在加入了融资约束之后，ESG的回归系数仍然显著为正，但融资约束的系数显著为负，这说明加入融资约束后企业ESG表现良好仍然可以提升企业全要素生产率，但是融资约束程度提高会限制全要素生产率的提升。综上所述，建筑企业ESG表现通过降低融资

约束提升全要素生产率。假设6-2得到了验证。

表6-6　　融资约束作为中介变量的回归结果

	(1)	(2)	(3)
变量	TFP	KZ	TFP
ESG	0.071***	-0.187***	0.064**
	(2.7356)	(-3.0136)	(2.4412)
Size	0.356***	0.368***	0.370***
	(8.9537)	(3.8604)	(9.1837)
Lev	0.505**	5.399***	0.712***
	(2.2353)	(9.9774)	(2.8564)
Age	-0.501**	0.659	-0.476**
	(-2.5468)	(1.3981)	(-2.4204)
Growth	0.246***	-0.054	0.244***
	(6.1108)	(-0.5614)	(6.0759)
Cfo	1.082***	-2.351***	0.992***
	(7.3806)	(-6.6931)	(6.4659)
TobinQ	0.021	0.383**	0.036
	(0.3069)	(2.3562)	(0.5219)
Top10	0.000	-0.001	0.000
	(0.2559)	(-0.2020)	(0.2380)
Power	0.037	-0.294**	0.026
	(0.6218)	(-2.0371)	(0.4339)
KZ			-0.038*
			(-1.9366)
Constant	9.867***	-2.049	9.789***
	(13.6296)	(-1.1814)	(13.5416)
Year fe	Yes	Yes	Yes
Stock fe	Yes	Yes	Yes
N	506	506	506
Adjusted_R^2	0.899	0.665	0.899

注：***、**、*分别表示在1%、5%、10%水平上显著；括号内为t值。

资料来源：作者整理。

②企业创新的中介效应

表6-7展示了企业创新的中介效应回归结果。列（1）是基准回归结果，列（2）是企业ESG表现对企业创新的回归结果，结果显示建筑企业ESG表现能够提高企业的创新能力，在10%的水平上显著。列（3）是在列（2）的基础上，把企业创新加入主回归模型中进行回归，回归结果显示，在加入了中介变量企业创新后，建筑企业ESG表现对全要素生产率的提升仍然有显著的促进作用，但是企业创新的回归系数却不显著，这表明企业创新不是ESG表现提高全要素生产率的路径，并不能验证假设6-3。这可能是由于传统的劳动密集型模式难以满足建筑业发展的需要，建筑业正在从劳动密集型向资本密集型、技术密集型转变（林珈乐，2023）[①]，但是相对于快速发展的制造业和信息产业，建筑业的创新投入不足且利用效率不高，研发投入强度远远落后于其他行业，同时建筑企业纯技术效率低导致建筑业创新转化能力薄弱（王佳佳，2022）[②]，因此建筑企业创新不能明显地推动企业全要素生产率的提升。

表6-7 企业创新的中介效应回归结果

	(1)	(2)	(3)
	TFP	RD	TFP
ESG	0.071***	0.090*	0.069***
	(2.7356)	(1.8359)	(2.6485)
Size	0.356***	0.007	0.356***
	(8.9537)	(0.0931)	(8.9474)
Lev	0.505**	-0.695	0.520**
	(2.2353)	(-1.6328)	(2.2956)

① 林珈乐. 广西XJ建筑公司战略转型研究［D］. 南宁：广西大学，2023.

② 王佳佳. 价值链视角下我国上市建筑企业技术创新效率及影响因素研究［D］. 北京：北京交通大学，2022.

续表

	(1)	(2)	(3)
	TFP	RD	TFP
Age	-0.501**	0.019	-0.502**
	(-2.5468)	(0.0525)	(2.5483)
Cfo	1.082***	-0.205	1.087***
	(7.3806)	(-0.7409)	(7.4047)
TobinQ	0.021	-0.238*	0.026
	(0.3069)	(-1.8559)	(0.3824)
Top10	0.000	0.000	0.000
	(0.2559)	(0.1309)	(0.2504)
Power	0.037	-0.025	0.038
	(0.6218)	(-0.2231)	(0.6309)
RD			0.022
			(0.8725)
Constant	9.867***	0.364	9.859***
	(13.6296)	(0.2666)	(13.6137)
Year fe	Yes	Yes	Yes
Stock fe	Yes	Yes	Yes
N	506	506	506
Adjusted_R^2	0.899	0.694	0.899

注：***、**、*分别表示在1%、5%、10%水平上显著；括号内为t值。

资料来源：作者整理。

6.4.3 稳健性检验

为了检验实证结果是否具有稳健性，本章采用替换被解释变量和解释变量、缩短样本区间等方法对模型的稳健性进行检验。

（1）替换变量

首先，保持解释变量ESG的赋分方法和其他变量不变，更换被解释变量TFP。本章用OP法对全要素生产率TFP重新进行测算，并用OP法测算的TFP替换模型6-1中LP法测算的TFP进行回归分析，在表6-8中，列（2）展示了回归结果。替换被解释变量后ESG的回归系数显著为正，说明建筑企业ESG表现良好在替换被解释变量后仍然可以促进全要素生产率的提升，进一步验证了假设6-1，说明实证结果具有稳健性。

其次，参考已有学者的做法，改变ESG的赋分方法来替换解释变量。将原来的9级赋分方法改为CCC、CC、C赋值为1，BBB、BB、B赋值为2，AAA、AA、A赋值为3的赋分方法，得到替换后的解释变量ESG2。将模型6-1中的ESG替换为ESG2进行分析，结果如表6-8所示。从列（3）可以看出，改变ESG的赋分方法替换解释变量后，解释变量的系数依然显著为正，与之前的结果一致，说明实证结果具有稳健性。

表6-8 替换变量的回归结果

	(1)	(2)	(3)
变量	TFP	OP	TFP
ESG	0.071***	0.044*	
	（2.7356）	（1.7532）	
ESG2			0.099**
			（2.0883）
Size	0.356***	−0.135***	0.359***
	（8.9537）	（−3.4851）	（8.9909）
Lev	0.505**	0.771***	0.455**
	（2.2353）	（3.5133）	（2.0221）

续表

变量	(1) TFP	(2) OP	(3) TFP
Age	-0.501**	-0.293	-0.491**
	(-2.5468)	(-1.5328)	(-2.4873)
Growth	0.246***	0.256***	0.242***
	(6.1108)	(6.5413)	(5.9852)
Cfo	1.082***	1.090***	1.080***
	(7.3806)	(7.6541)	(7.3335)
TobinQ	0.021	0.020	0.017
	(0.3069)	(0.3056)	(0.2523)
Top10	0.000	-0.000	0.000
	(0.2559)	(-0.0972)	(0.2641)
Power	0.037	0.100*	0.039
	(0.6218)	(1.7109)	(0.6506)
Constant	9.867***	11.828***	9.979***
	(13.6296)	(16.8225)	(13.7884)
Year fe	Yes	Yes	Yes
Stock fe	Yes	Yes	Yes
N	506	506	506
Adjusted_R^2	0.899	0.697	0.898

注：***、**、*分别表示在1%、5%、10%水平上显著；括号内为t值。

资料来源：作者整理。

（2）缩短样本区间

我国的ESG评级体系起步比较晚，为了避免早期企业、投资者不注重ESG，不主动披露企业ESG信息，不将ESG纳入企业战略考量中，从而影响实证结果的问题，本章适当地缩短了样本区间，将原来的2011—2022年数据改为2016—2022年数据。利用新的数据对模型6-1再次进行回归分析，结果如表6-9所示。由列（2）可知，在缩短了样本区间后，ESG的回归系数仍然显著为正，说明建筑企业ESG表现可以促进全要素生产率的提升。这一结论在缩短了样本区间后仍然成立，说明实证结果具有稳健性。

表6-9 缩短样本区间的回归结果

	(1)	(2)
变量	TFP	TFP
ESG	0.071***	0.122***
	（2.7356）	（4.1946）
Size	0.356***	0.393***
	（8.9537）	（6.8150）
Lev	0.505**	-0.042
	（2.2353）	（-0.1422）
Growth	-0.501**	0.259***
	（-2.5468）	（4.8522）
Age	0.246***	-0.501
	（6.1108）	（-1.1197）
Cfo	1.082***	0.717***
	（7.3806）	（3.8609）
Top10	0.021	-0.001
	（0.3069）	（-0.7687）
Power	0.000	0.008
	（0.2559）	（0.1123）

续表

	(1)	(2)
变量	TFP	TFP
TobinQ	0.037	0.069
	(0.6218)	(0.6637)
Constant	9.867***	10.385***
	(13.6296)	(6.7769)
Year fe	Yes	Yes
Stock fe	Yes	Yes
N	506	322
Adjusted_R^2	0.899	0.930

注：***、**、*分别表示在1%、5%、10%水平上显著；括号内为t值。

资料来源：作者整理。

（3）滞后解释变量

虽然建筑企业ESG表现良好可以有效地推动企业全要素生产率提升，但同时全要素生产率也可能反过来推动企业ESG表现提升。为了排除这一情况的影响，本章对解释变量进行滞后一期处理，结果如表6-10所示。可以看出，滞后一期的解释变量L.ESG系数显著为正，排除了全要素生产率提高导致ESG表现更好这一情况，结果与前文一致。

表6-10　　滞后解释变量的回归结果

	(1)	(2)
变量	TFP	TFP
L.ESG	0.070**	0.071***
	(2.1994)	(2.8070)

续表

变量	(1)	(2)
	TFP	TFP
Size		0.388***
		(9.4132)
Lev		0.342
		(1.4619)
Age		-0.379*
		(-1.7306)
Growth		0.265***
		(6.4053)
Cfo		0.882***
		(5.8046)
TobinQ		0.015
		(0.2143)
Top10		0.001
		(0.7047)
Power		-0.012
		(-0.1994)
Constant	12.784***	9.688***
	(63.7811)	(12.1777)
Year fe	Yes	Yes
Stock fe	Yes	Yes
N	460	460
Adjusted_R^2	0.852	0.909

注：***、**、*分别表示在1%、5%、10%水平上显著；括号内为t值。

资料来源：作者整理。

（4）工具变量

为了解决研究存在的内生性问题，参考李端、郭佳轩和李海英（2023）[①]的做法，选择与自身建筑业企业注册地相同省份的其他企业的ESG均值作为工具变量。首先，处于同一省份的企业所处的政策环境相同，因此企业的ESG表现具有相似性，满足相关性；其次，处于同一省份的企业ESG表现不会对其他企业的全要素生产率产生影响，满足外生性，因此选择同一省份除自身以外其他企业的ESG均值作为工具变量。

工具变量法的结果如表6-11所示。其中，列（1）是第一阶段的结果，列（2）是第二阶段的结果。LM统计量p值小于0.05，不存在识别不足的问题；F统计量为242.941，大于16.38，通过了弱工具变量检验。在列（2）中，ESG的回归系数显著为正，结果与前文一致，说明实证结果具有稳健性。

表6-11　　工具变量法回归结果

	(1)	(2)
	First	Second
变量	ESG	TFP
MESG	-15.230***	
	(-15.5866)	
ESG		0.127***
		(2.9573)
Size	0.103*	0.348***
	(1.7713)	(8.8213)
Lev	-0.510	0.570**
	(-1.5332)	(2.5231)

① 李端，郭佳轩，李海英．ESG表现、技术创新与全要素生产率——来自我国医药行业的证据［J］．财会月刊，2023，44（11）：143-150．

续表

变量	(1) First ESG	(2) Second TFP
Age	0.580**	-0.513***
	(1.9929)	(-2.6451)
Growth	-0.050	0.248***
	(-0.8357)	(6.2555)
Cfo	-0.088	1.099***
	(-0.4076)	(7.5962)
TobinQ	-0.019	0.024
	(-0.1946)	(0.3640)
Top10	-0.002	0.000
	(-1.0886)	(0.3346)
Power	0.039	0.039
	(0.4402)	(0.6517)
_cons	59.951***	
	(15.9736)	
Year fe	Yes	Yes
Stock fe	Yes	Yes
Cragg-Donald Wald F		242.941
		{16.38}
Kleibergen-Paap rk LM		163.396
		[0.0000]
N	506	506
r2_a	0.662	0.480

注：***、**、*分别表示在1%、5%、10%水平上显著；括号内为t值。

资料来源：作者整理。

6.4.4 基于企业生命周期的异质性分析

当企业处于不同的发展时期时，企业的资金状况、发展策略、风险水平等因素也不尽相同，因此企业ESG表现对企业全要素生产率的提升效果也各不相同。当企业处于成长期时，为了实现快速发展，建立起自身的竞争优势，企业更愿意对ESG投资，提高自身的ESG表现，博得更多投资者的信任，从而促进全要素生产率的提升。当企业处于成熟期时，企业在成熟阶段已经具备了一定的企业规模和良好声誉，拥有了核心竞争力，发展也比较稳定。在这个阶段，企业更加倾向保持现有的市场占有率，如果企业把资金投入到ESG中，可能得到的收益甚微，还影响了企业现有的市场份额，导致企业生产率下降。当企业处于衰退期时，企业利润较低，现金流量较少，如果在这个时期企业把大量的资金投入到ESG中，这会使企业财务成本增加，生产效率降低，给企业带来更大的压力。因此，当企业处于拥有足够资金的成长期时，企业提高ESG表现相较于成熟期和衰退期更能促进全要素生产率提升。

为了深入探究企业在不同生命周期ESG表现对全要素生产率的影响，参考余典范和王佳希（2022）[①]的做法，将企业生命周期划分为三个阶段：成长期（Cycle1）、成熟期（Cycle2）和衰退期（Cycle3）。企业处于成长期，Cycle1赋值为1，不处于成长期，则Cycle1赋值为0；成熟期和衰退期划分同理。接下来建立生命周期和ESG的交乘项ESG*Cycle1、ESG*Cycle2、ESG*Cycle3，分别将交乘项ESG*Cycle1、ESG*Cycle2、ESG*Cycle3加入模型6-1中，结果如表6-12所示。可以看出，ESG*Cycle1的回归系数显著为正，说明在成长期，建筑企业ESG表现可以提升全要素生产率。ESG*Cycle2的回归系数显著为负，ESG*Cycle3的回归系数也显著为负，其中ESG*Cycle2的系数大于ESG*Cycle3的系数，这意味着当建筑企

① 余典范，王佳希. 政府补贴对不同生命周期企业创新的影响研究［J］. 财经研究，2022，48（1）：19-33.

业处于成熟期和衰退期时，ESG表现并不能提升企业的全要素生产率，反而有抑制作用，企业处于衰退期时抑制作用更明显。回归结果与前述分析一致。

表6-12 企业生命周期异质性回归结果

	(1)	(2)	(3)
变量	TFP	TFP	TFP
ESG	0.045*	0.077***	0.074***
	(1.7514)	(2.9631)	(2.8869)
ESG*Cycle1	0.045***		
	(4.7185)		
Size	0.338***	0.354***	0.342***
	(8.6738)	(8.9287)	(8.6223)
Lev	0.474**	0.509**	0.470**
	(2.1478)	(2.2615)	(2.0982)
Age	-0.487**	-0.497**	-0.511***
	(-2.5307)	(-2.5341)	(-2.6194)
Growth	0.224***	0.238***	0.241***
	(5.6674)	(5.9100)	(6.0367)
Cfo	1.165***	1.156***	1.048***
	(8.0712)	(7.6826)	(7.1911)
TobinQ	0.010	0.028	0.002
	(0.1525)	(0.4074)	(0.0360)
Top10	0.001	0.000	0.001
	(0.6368)	(0.3697)	(0.4170)
Power	0.057	0.037	0.048
	(0.9596)	(0.6119)	(0.8025)

续表

变量	(1) TFP	(2) TFP	(3) TFP
ESG*Cycle2		-0.023**	
		(-2.0501)	
ESG*Cycle3			-0.035***
			(-2.9915)
Constant	9.899***	9.771***	10.101***
	(13.9984)	(13.5176)	(13.9948)
Year fe	Yes	Yes	Yes
Stock fe	Yes	Yes	Yes
N	506	506	506
Adjusted_R^2	0.903	0.899	0.900

注：***、**、*分别表示在1%、5%、10%水平上显著；括号内为t值。

资料来源：作者整理。

6.5 对比分析

6.5.1 研究方法对比

LP法是目前学者测算全要素生产率使用最多的方法之一，它考虑了传统的索洛残差法可能导致同时性偏差和样本选择偏差问题。DEA-Malmquist指数法是假定规模报酬可变，避开了设置具体的生产函数，只需要输入量和输出量，不需要有关价格信息。Fare-Primont方法可以分析TFP的纵向变化趋势，且可以获得TFP的水平值，从而对其进行横向分析。从时间趋势上看，出现最早的是C-D生产函数法，随后为DEA-Malmquist指数法和Fare-Primont方法。目前，在针对企业全要素生产率的研究方法上，学者大多使用LP法，较少使用DEA-Malmquist指数法和Fare-Primont方法。从表6-13可以看出，在控制变量以及年份不变的情况下，其ESG表现的回归系数、方向及其显著程度均有所不相同，其原因可能是指标和方法的不同，导致出现差异化结果。整体来看，采用Fare-Primont方法测算的主要变量系数与LP法测算的系数差距较小，最大的区别是两者的显著效应不同。

6.5.2 描述回归分析

如表6-13所示，其回归分析年份为2017—2021年，被解释变量替换为FP法测量的TFP，解释变量的回归系数在1%的水平上显著为正，回归系数与LP法的值相差不大，控制变量中企业规模（Size）、股权集中度（Top10）对TFP的影响方向改变了。

表6-13 不同测度方法下的TFP和GTFP值

	(1)	(2)	(3)	(4)	(5)
变量	TFP	DEATFP	DEAGTFP	FPTFP	FPGTFP
ESG	0.128***	0.038	10.855**	0.217***	-0.157
	(3.6250)	(0.3844)	(2.5897)	(2.9676)	(-1.3503)
Size	0.413***	-0.079	-18.995**	-0.410**	0.548**
	(5.1158)	(-0.3490)	(-1.9883)	(-2.4588)	(2.0638)
Lev	0.178	-1.844*	-23.095	1.339*	0.261
	(0.4749)	(-1.7651)	(-0.5221)	(1.7356)	(0.2121)
Age	0.109	1.754	289.151***	0.525	-9.311***
	(0.1510)	(0.8702)	(3.3881)	(0.3525)	(-3.9268)
Growth	0.176***	-0.025	0.655	0.300**	0.070
	(3.0726)	(-0.1550)	(0.0965)	(2.5315)	(0.3715)
Cfo	0.663***	0.180	-30.392	1.053**	-0.342
	(2.7264)	(0.2657)	(-1.0564)	(2.0991)	(-0.4277)

续表

变量	(1) TFP	(2) DEATFP	(3) DEAGTFP	(4) FPTFP	(5) FPGTFP
TobinQ	0.143	−0.697**	−7.834	0.322	0.345
	(1.2516)	(−2.1822)	(−0.5790)	(1.3659)	(0.9187)
Top10	0.001	−0.001	−0.429*	−0.001	0.012*
	(0.3936)	(−0.1962)	(−1.6739)	(−0.2378)	(1.6867)
Power	0.022	−0.120	10.159	0.139	0.073
	(0.2748)	(−0.5402)	(1.0819)	(0.8475)	(0.2794)
_cons	8.124***	−0.632	−760.754***	−0.057	26.108***
	(3.3018)	(−0.0920)	(−2.6141)	(−0.0112)	(3.2290)
Year fe	Yes	Yes	Yes	Yes	Yes
Stock fe	Yes	Yes	Yes	Yes	Yes
N	230	230	230	230	230
r2_a	0.939	0.059	0.547	0.845	0.176

注：***、**、*分别表示在1%、5%、10%水平上显著；括号内为t值。

资料来源：作者整理。

被解释变量换为DEA测量的GTFP，解释变量的回归系数在5%的水平上显著为正，ESG指标每增加1个单位，DEA测算的GTFP值就增加10.855个单位，回归系数与LP法的回归系数相差比较大。这可能是因为GTFP数据的范围非常大，从而导致回归系数过大。控制变量中企业规模、股权集中度对TFP的影响方向改变了。

6.5.3 总样本分析

如图6-1所示，有效估计点为230，TFP值中以LP法测试值最大，达到了13.85，其他依次为FP、DEA方法，如果以DEA方法为分析基准，那么剩余的其他方法均对TFP的绝对值有放大效应。通过统计量对比，可以发现一些差异：首先，三者的偏度均大于0，即分布呈正偏态，其中，以DEA方法估计的TFP偏度绝对值最大，达到了8.0535，所以该方法下有更多的值落在众数的右侧；其次，峰度最高的是基于DEA的TFP估计值，峰度值为91.8158，说明该分布更为陡峭；最后，LP更符合正态分布特征，说明TFP估计值更适合。因此，采取LP方法测算TFP值更合理。

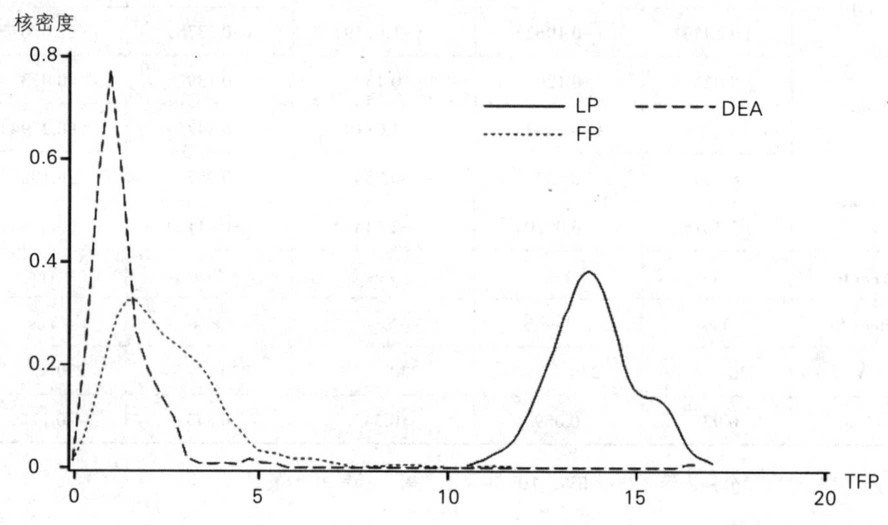

图6-1　TFP值的核密度函数图（LP、DEA和FP法比较）

6.6　研究结论和启示

6.6.1　结论

本章基于2012—2022年建筑业46家上市公司的ESG表现以及采用LP法和OP法测算的全要素生产率，研究建筑企业ESG表现对全要素生产率的影响，并探究其作用机制和企业在不同生命周期时ESG表现对全要素生产率的影响有何差异。结果发现：建筑企业ESG表现良好可以提高全要素生产率，在经过了一系列稳健性检验后这个结论依然成立。机制分析结果表明，降低融资约束可以正向促进ESG表现对全要素生产率的作用，同时建筑企业并不能通过促进创新来提高全要素生产率。异质性分析结果表明，成长期企业ESG表现可以提升全要素生产率，成熟期和衰退期企业ESG表现并不能提升企业的全要素生产率，反而有抑制作用，企业处于衰退期时抑制作用更明显。

6.6.2 启示

本章的研究结果具有以下启示：第一，建筑企业要强化自身ESG建设，主动提高ESG表现。我国建筑业ESG评级总体水平不高，大部分企业评级在B级左右。因此，为了提高全要素生产率从而实现高质量发展，建筑企业急需构建有效的ESG治理体系。首先，公司管理层要在思想上转变观念，认识到提高ESG表现是企业全要素生产率提升的关键，将ESG融入到企业发展中，主动承担相应的社会责任。其次，在具体实施层面，企业应该制订相应的战略计划，提高企业ESG水平，强化自身ESG管理，加大对ESG的投资力度，提高企业对ESG的认识，减少企业污染物排放，合理地配置企业资源，实现经济高质量发展。第二，充分发挥中介变量的影响作用，促进建筑企业全要素生产率的提高。首先，企业要具有良好的ESG表现，树立良好的企业形象，向外界传递企业发展良好的信息。与此同时，企业还应该向外界披露企业ESG报告，向外界展示企业优势和可持续发展能力，增强社会公众对企业的信任，从而吸引投资以提高全要素生产率。其次，建筑企业还可以通过增加创新投入和研发投入、提高纯技术效率来提高转化能力从而促进全要素生产率提升。第三，根据建筑企业不同生命周期的差异，充分发挥ESG表现的能动作用。企业在处于成长期时，把更多的资金投入到ESG中，提高企业ESG表现，树立良好的企业形象；在处于成熟期和衰退期时，应减少对ESG的投入，加大对研发的投入，助力企业创新，帮助企业形成核心竞争力，扩大市场份额，延长企业生命周期。

7 数字化转型对建筑企业绿色全要素生产率的提升机制

“双碳”目标下，我国的经济增长从追求速度和规模转向注重绿色低碳化发展，在加速推进绿色经济的同时，全面提升绿色全要素生产率，努力实现碳达峰碳中和。建筑业作为我国的碳排放量最大的行业，其绿色全要素生产率的提升，有助于推动我国“双碳”目标的实现。因此，基于第5章研究内容，本章以中国建筑股份有限公司为例，根据结果导向，按照“行为—结果”的研究思路分析数字化提升路径，以此为其他建筑企业提供相关经验和依据。

7.1 引言

2020年9月，习近平总书记在第七十五届联合国大会一般性辩论上宣布中国二氧化碳排放力争于2030年前达到峰值，努力争取2060年前实现碳中和①。2021年10月，我国将碳达峰碳中和纳入经济发展全局，以确保如期实现2030年前碳达峰目标。“双碳”目标下，加速发展绿色低碳经济，既是应对气候变化、守护地球家园的必然选择，也是推动经济结构优化升级、实现经济社会永续发展的战略举措。同时，绿色全要素生产率（GTFP）作为衡量绿色发展的重要指标，对于绿色转型、发展绿色经济有着举足轻重的作用。

与传统全要素生产率相比，绿色全要素生产率融合了对环境的影响，旨在注重经济效益的同时，降低对生态环境的破坏，实现社会经济发展的绿色化和低碳化。

---

① 习近平．在第七十五届联合国大会一般性辩论上的讲话［N］．人民日报，2020-09-23（3）．

在现有研究中，大多数学者将二氧化碳排放、企业排污费、企业各种废弃物的比例纳入生产效率的评价体系（钟海燕、王江寒、李敏鑫，2024）①，将企业在生产活动中的绿色低碳行为量化，评估企业的绿色全要素生产率。企业绿色全要素生产率的提升意味着企业的绿色化转型升级向前迈出一大步，有助于我国“双碳”目标的实现。当前背景下，减少碳排放成为了实现“双碳”目标的重要途径。根据《2022中国建筑能耗与碳排放研究报告》可知，2005—2020年间，全国建筑全过程能耗由9.3亿tce上升到22.3亿tce，碳排放由22.3亿tCO_2上升到50.8亿tCO_2，建筑企业作为我国的碳排放大户，必须重视相关能耗和碳排放的减少，通过数字技术推动绿色转型升级，从而促进绿色全要素生产率的提高。

因此，本章按照“行为—结果”的思路，以中国建筑股份有限公司（以下简称“中国建筑”）为例，从建造业务和企业内部结构两方面入手，分析数字化提升绿色全要素生产率的路径，从而为其他建筑企业提供相关经验和依据。

7.2 “双碳”背景下建筑企业绿色全要素生产率分析

“双碳”背景下，绿色全要素生产率（GTFP）作为衡量企业绿色低碳行为的关键指标，其测算对于引导企业绿色低碳化发展有着重要的意义。本章采用Fare-Primont方法测量2012—2021年46家建筑企业的GTFP。劳动投入指标为企业员工人数，资本投入指标为固定资产净额，期望产出指标为营业收入，非期望产出指标为企业碳排放（张静晓等，2020）②。利用DPIN3.0软件测算出建筑企业的GTFP值。

图7-1展示了46家建筑企业2012—2021年的GTFP均值。2012—2021年，建

① 钟海燕，王江寒，李敏鑫．环保信用评价提高企业绿色全要素生产率了吗？[J]．审计与经济研究，2024，39（2）：96-106.

② 张静晓，金伟星，李慧，等．中国建筑业动态绿色全要素生产率测度研究［J］．工程管理学报，2020，34（1）：1-6.

筑企业GTFP值整体呈现增长的趋势，由1.216增长到2.118。2013年，全球经济增长速度放缓，建筑业固定资产增速下降，总产值趋缓，环境污染问题不断发生，建筑企业的经济发展与环境治理之间的矛盾日益突出，GTFP达到最低值。2014年4月，《中华人民共和国环境保护法》全面修订，并于2015年起施行，我国经济步入新常态，产业结构变革和技术进步推动了建筑企业GTFP的提升。在2020年之后，随着“双碳”目标的提出，企业更加重视绿色低碳化发展，GTFP值较以往增长速度加快。根据分析可知，企业的技术进步对于提升GTFP起着举足轻重的作用。

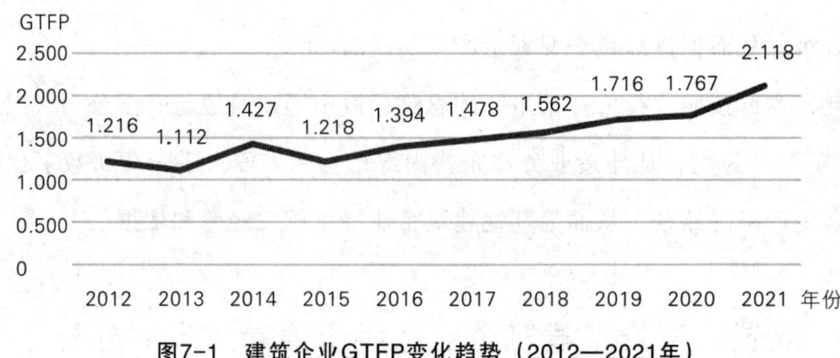

图7-1 建筑企业GTFP变化趋势（2012—2021年）

资料来源：作者整理。

7.3 案例分析

基于案例选取原则，本章以中国建筑作为案例选取对象，根据结果导向，按照“行为—结果”的思路探讨分析中国建筑GTFP提升的路径。鉴于数字技术对GTFP的重要意义，分别从建造业务和企业内部结构两个方面对数字化的赋能路径进行识别。

7.3.1 数字化路径分析

“双碳”背景下，中国建筑始终坚持将绿色环保理念融入到建筑业务中，在设计、施工和运营的全生命周期里，优先采用利于环境保护和资源节约的设计方案，采用清洁原料和数字技术进行施工，以绿色管理推进绿色运营发展。同时，企业也对内部结构进行数字化智能化改革，为企业的绿色转型提供基础保障。

（1）数字技术绿色化

全面提升绿色全要素生产率，离不开企业的数字技术绿色化发展。将绿色技术融入到建筑的各个环节中，推动建筑向着绿色低碳化发展。第一，在设计阶段，中国建筑采用BIM等数字化技术，快速推进以装配式建筑为代表的新型建筑工业化和绿色化，持续推广工程总承包模式，以数字化赋能建筑创新发展。第二，在建筑阶段，中国建筑将自主研发的“5G远程控制塔吊”技术深入应用到各个建设项目中，提高作业效率和数字化管理水平；同时，将自主研发的造石机等绿色低碳产品大力推广应用，以此促进建筑阶段的绿色低碳发展。第三，在废弃物排放阶段，中国建筑积极探索资源利用新技术，不断提高技术创新水平和加强新设备的研发运用，广泛应用固体废弃物综合处理等绿色技术，持续提升废弃物资源利用率，缓解资源环境问题压力，减少二次污染，促进企业的绿色循环经济发展。在建筑项目的各个生命周期中，中国建筑以绿色材料为依托，以绿色技术为载体，辅助各种绿色排污设备，以数字化为基础，赋能提升企业的绿色全要素生产率。

（2）建筑工地智慧化

建筑工地智慧化是运用新兴技术对传统的建筑施工现场进行全面数字化和智能化改造，实现建筑工地的数字化和透明化，在保证安全环保的前提下，提高建筑项目的施工效率和管理效率。近年来，中国建筑加强智慧工地的普及，应用多种先进信息技术，优化建筑项目管理。

第一，在人员管理方面，中国建筑使用劳务实名制系统，采用人脸识别等手段对人员信息进行自动搜集管理，确保人员身份合规，同时智慧工地支持员工职业技能培训、安全教育，并通过线上考核确保培训效果，提升员工素质与工地整体安全水平。

第二，在施工安全方面，智慧工地可以通过传感器和AI图像识别等实时监测施工现场的人员、环境和设备，及时发现各种安全隐患，保障施工人员的安全，且智慧工地系统能够对事故地点进行快速定位，以可视化指挥系统为基础指导现场救援，缩短救援时间，在降低事故损失的前提下保障建筑项目的顺利进行。

第三，在环保节能方面，智慧工地装备环境监测设备，实时监测扬尘等各种污染指标，以数字设备为载体，降低废弃物的排放量，将对周边的环境影响降到最低，确保建筑工地的环保达标。此外，智慧工地可以通过互联网，对废弃物的产生、分类、回收和再利用进行追踪，减少二次污染排放，实现建筑施工绿色化。

中国建筑广泛应用智慧工地，从人员管理、施工安全和废弃物排放三方面入手，利用数字技术在保证人员安全和施工安全的前提下，减少建造环节废弃物的排放。在以数字技术保障建筑项目顺利进行的同时，兼顾环境效益。通过提升企业的管理效率和施工效率，实现建造环节的节能化，从而提升企业的绿色全要素生产率。

（3）内部结构智能化

企业内部结构智能化为绿色全要素生产率的提升提供稳定的组织基础，它是企业能否实现长期、健康、可持续发展的重要因素。一方面，“双碳”背景下，中国建筑严格履行环境保护主体责任，健全环境管理体系，成立由董事长等人员组成的生态环境保护工作领导小组（如图7-2所示），建立工作机制，以环境管理体系为依托，加强对环境风险的管理，在生态环境领域寻找新机遇，实现经济效益和环境效益的均衡发展。另一方面，搭建智能财务平台，通过IaaS、PaaS和SaaS三层财务构架实现业财融合。在企业的建筑项目中，实时追踪各种能源物料价格的异常情况，推动节能措施的实行，降低单位产值的环境成本。中国建筑以智能财务平台为依托，对接各类绿色融资工具，发行绿色债券、绿色基金等金融产品，为绿色产业提供多元化融资渠道，推动绿色技术创新，从而提高绿色全要素生产率。

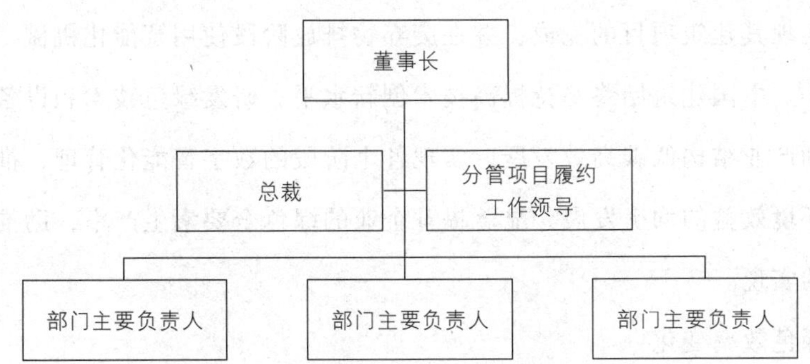

图7-2 生态环境保护工作领导小组图

资料来源：中国建筑股份有限公司2023年度环境社会治理可持续发展报告。

7.3.2 数字化赋能效果分析

中国建筑通过数字化在设计、施工、运营和废弃物排放等各环节推动绿色化变革，在技术和效率两方面均得到提高，从而促进绿色全要素生产率的提高。此外，在现有文献研究中，龚新蜀和杜江（2024）①、万攀兵、杨冕和陈林（2021）②与朱宏涛（2022）③通过实证研究得出，企业绿色技术创新对绿色全要素生产率具有显著促进作用。因此本部分从技术与效率两方面分析中国建筑绿色全要素生产率的提升。

（1）绿色技术变化

绿色技术是推进企业绿色低碳发展的必要因素。数字经济时代，各种新兴技术不断出现，随着技术创新水平的提高，环境污染问题也日益严重，如何兼顾经济效益与环境效益成为了企业可持续发展的一大难题。当前大背景下，中国建筑积极推进技术创新绿色化，以智慧财务一体化为基础，采用绿色材料，辅助绿色设备和智

① 龚新蜀，杜江．数字经济、绿色创新与企业绿色全要素生产率［J］．统计与决策，2024，40（2）：35-40.

② 万攀兵，杨冕，陈林．环境技术标准何以影响中国制造业绿色转型——基于技术改造的视角［J］．中国工业经济，2021（9）：118-136.

③ 朱宏涛．数字技术创新对工业绿色全要素生产率的影响研究［D］．石家庄：河北地质大学，2022.

慧工地，实现其建筑项目的完成，并在废弃物排放阶段使用智能化机械，将环境影响降到最小。中国建筑始终坚持提高技术创新水平，研发绿色技术和设备，通过技术进步推动产业结构低碳高效发展，实现各个阶段的数字智能化管理，推动企业经济效益和环境效益的均衡发展，显著提升企业的绿色全要素生产率，助推我国“双碳”目标的实现。

（2）绿色效率变化

绿色效率是企业可持续发展的直接量化体现。“双碳”背景下，绿色技术的进步促进了企业经济效率和生产效率的提高，在高效利用资源要素的基础上实现了环境保护。一方面，中国建筑构建智慧财务一体化平台，实现业财融合，在企业的各个建筑项目中，精准控制成本，同时通过移动报销、智能支付、自动审批等功能，简化报销流程，缩短支付周期，提升资金周转效率，降低运营成本，从而提高企业的整体经济效率。另一方面，中国建筑在建筑场景中广泛应用智慧工地，对整个建筑流程进行实时监测，同时在建筑项目的各环节中应用绿色技术和新设备，推动建筑工地的智能化和绿色化发展，实现项目的精细化管理，在降低施工过程对环境影响的前提下，从多维度提升建筑工地的生产效率，实现建筑达标与保护环境的双重目标，最终促进其绿色全要素生产率的提高。

7.4 结论与建议

本章以中国建筑为例，按照“行为—结果”的思路探讨企业的数字化赋能路径，并从技术和效率两方面入手，分析其绿色全要素生产率提升的具体表现，如图 7-3 所示。最终得出以下结论：第一，建筑企业从建造业务与企业内部结构两方面对其进行数字化改革，主要包括数字技术绿色化、建筑工地智慧化和内部结构智能化，以绿色技术和绿色管理促进其绿色运营发展。第二，建筑企业通过数字化，促进绿色技术和绿色效率的提高，从而显著提升企业的绿色全要素生产率。

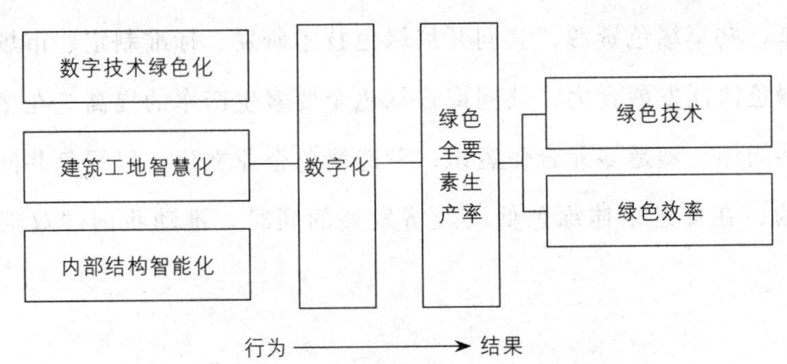

图7-3　中国建筑绿色全要素生产率提升过程

资料来源：作者整理。

综上所述，“双碳”背景下，数据要素极其重要，建筑企业可通过数字化，依靠绿色技术创新，提高企业的生产效率和经营效率，从而显著提升绿色全要素生产率，推动碳达峰碳中和的实现。但对整个建筑业来讲，存在数字化水平较低、企业发展不平衡等问题，对此本部分提出以下建议：

第一，提高技术创新水平，加快数字化转型。数字经济时代，企业的数字化转型升级尤为重要，尤其是建筑企业，其技术创新水平的提升，有助于企业实现经济效益和环境效益的均衡发展，促进绿色全要素生产率的提高。各建筑企业应明确企业目标，根据企业实际情况拓宽绿色融资渠道，加大对绿色技术和清洁生产技术的投入，与政府补贴和税收优惠政策相结合，降低研发成本，释放企业的创新活力，促进企业的数字化转型升级，从而提升企业的绿色全要素生产率。

第二，优化企业内部结构，加强绿色技术应用。建筑企业应加大对智慧工地的应用，将各种数字技术深入应用到建筑项目的设计、建筑、运营、废弃物排放等环节中。同时，也要重视企业的内部结构，加强业财融合，推动内部结构的智能化发展。用技术进步推动企业内部和外部的技术变革，深化技术创新在发展绿色经济中的重要作用，确保如期实现“双碳”目标。

第三，增强企业的绿色协同发展，构建绿色共同体。“双碳”目标下，建筑企业的绿色全要素生产率之间存在显著差异。各建筑企业可以与其他企业建立绿色伙伴关系，共享绿色资源，共同开展绿色技术研发、标准制定、市场推广等活动，形成绿色协同发展合力，共同促进绿色全要素生产率的提高。在多区域构建企业绿色共同体，塑造多元合作意识，营造绿色企业文化，以绿色共同体理念约束企业行为，在促进个体绿色低碳经济发展的同时，推动我国“双碳”目标的实现。

8　ESG表现对建筑企业绿色全要素生产率的提升机制

绿色发展是关系我国发展全局的重要理念，而绿色全要素生产率是衡量绿色发展的重要指标，研究ESG表现是否可以提升绿色全要素生产率具有重要的现实意义。基于第6章的研究，本章以建筑业46家上市公司2015—2021年的数据为样本，研究建筑企业ESG表现对绿色全要素生产率有什么影响，并通过进一步分析来探究ESG三个细分维度对绿色全要素生产率的影响有何差异。

8.1　引言

党的二十大报告提出，推动绿色发展，要加快发展方式绿色转型，实施全面节约战略，发展绿色低碳产业。[①]目前，面对资源紧缺的情况和经济发展与环境保护之间的矛盾，企业需要实现自身发展方式的绿色转型，推动高质量发展。绿色全要素生产率在传统全要素生产率的基础上考虑了资源因素和环境因素，需要在经济发展过程中严格落实环境保护和生态治理，它更符合绿色发展和可持续发展的理念，是我国经济高质量发展的内在动力。ESG理念是新理念，与可持续发展的理念高度契合，并在我国受到高度重视。2022年5月，国务院国有资产监督管理委员会发布《提高央企控股上市公司质量工作方案》，明确提出央企要贯彻落实新发展理念，建立健全ESG体系。2023年9月，证监会表示将制定《上市公司可持续发展披露指引》，促进本土化ESG

① 习近平．高举中国特色社会主义伟大旗帜 为全面建设社会主义现代化国家而团结奋斗——在中国共产党第二十次全国代表大会上的报告［EB/OL］.（2022-10-25）［2024-11-07］. https：//www.gov.cn/xinwen/2022-10/25/content_5721685.htm.

体系发展。丁声怿和白俊红（2024）[①]通过研究发现企业ESG表现良好可以显著地促进绿色全要素生产率水平的提高。建筑业是一个能源消耗高、污染严重的行业，建筑业很多行为都会对环境、生态造成不良影响（孙亚东、张莉，2024）[②]。如何推动建筑企业的绿色发展成为了关键。

8.2 文献回顾与研究假设

8.2.1 文献回顾

ESG作为新的发展理念，在我国发展势头强劲，受到政府、企业和社会的广泛关注，许多学者从财务绩效、企业价值、全要素生产率方面出发对ESG表现进行相关研究。在财务绩效方面，大部分学者认为ESG表现与财务绩效存在正相关关系，例如严伟祥、赵誉、孟德锋（2023）[③]通过实证研究发现企业ESG表现良好对上市公司财务绩效具有显著的正向促进作用。也有学者认为ESG表现与财务绩效之间存在负相关关系或者没有关系（Boyle，Higgins，and Rhee，1997）[④]。在企业价值方面，大部分学者认为ESG表现良好可以提高企业价值。白怡珺等（2024）[⑤]通过对体育上市企业的研究，发现良好的ESG表现可以显著提升体育企业价值，且体育企业创新能力在二者间起到中介作用；易闻昱、杨倩和张丽琳（2023）[⑥]研

① 丁声怿，白俊红．企业ESG表现与绿色全要素生产率［J］．产业经济评论，2024（3）：135-154.

② 孙亚东，张莉．高管海外背景、环保投资与ESG表现——基于建筑工程企业的实证研究［J］．财会通讯，2024（6）：42-47.

③ 严伟祥，赵誉，孟德锋．ESG评级对上市公司财务绩效影响研究［J］．南京审计大学学报，2023，20（6）：71-80.

④ BOYLE E J，HIGGINS M，RHEE G S.Stock market reaction to ethical initiatives of defense contractors： theory and evidence［J］．Critical Perspectives on Accounting，1997，8（6）：541-561.

⑤ 白怡珺，陈刚，朱冀，等．ESG表现对体育企业价值的影响：企业创新能力的中介效应［J］．体育学刊，2024，31（3）：72-78.

⑥ 易闻昱，杨倩，张丽琳．ESG表现对企业价值的影响——基于中国沪深A股体育概念上市公司的实证分析［J］．武汉体育学院学报，2023，57（10）：47-54.

究发现ESG表现正向影响企业价值，融资约束发挥了部分中介效应；苑泽明、刘甲和张淑溢（2023）①研究发现，E、S、G三个维度均对企业价值有促进作用，产权异质性研究表明ESG表现对非国有企业更能发挥价值提升效应。在全要素生产率方面，良好的ESG表现可以提高企业全要素生产率（杨建春、朱桂芳、王站杰，2023）②，并且通过提升企业的创新水平（王三兴、王子明，2023）③、降低融资约束（焦麟涵，2023）④和加大研发投入力度（符加林、黄晓红，2023）⑤来提升全要素生产率。

面对有限的资源和日益严重的环境污染，绿色全要素生产率在全要素生产率的基础上，将能源资源因素纳入体系，综合考虑生产要素投入和能源资源消耗，建立起将劳动、资本等生产要素和能源、资源消耗纳入到同一个数学模型的新的测度方法，受到广泛关注。目前大多数学者从绿色金融、数字技术创新、绿色创新、环境规制等方面对绿色全要素生产率进行研究。何振华（2024）⑥采用多元回归模型实证探究绿色金融与企业绿色全要素生产率的内在关系，发现绿色金融能促进企业绿色全要素生产率的提升。龚新蜀和杜江（2024）⑦从绿色创新视角切入，通过实证研究发现数字经济对重污染企业绿色全要素生产率具有显著的提升作用，且对国有性质和中小城市的重污染企业的促进作用更强，绿色创新是重

---

① 苑泽明，刘甲，张淑溢．高质量发展下企业ESG表现的价值效应及机制研究［J］．会计之友，2023（18）：81-89.

② 杨建春，朱桂芳，王站杰．ESG表现对企业全要素生产率的影响［J］．财会月刊，2023，44（19）：31-37.

③ 王三兴，王子明．企业ESG表现、创新与全要素生产率［J］．宏观经济研究，2023（11）：62-74.

④ 焦麟涵．ESG对企业全要素生产率的影响研究［D］．郑州：河南财经政法大学，2023.

⑤ 符加林，黄晓红．企业ESG表现如何影响企业全要素生产率？［J］．经济经纬，2023，40（3）：108-117.

⑥ 何振华．绿色金融、碳排放规制与企业绿色全要素生产率［J］．统计与决策，2024，40（5）：155-159.

⑦ 龚新蜀，杜江．数字经济、绿色创新与企业绿色全要素生产率［J］．统计与决策，2024，40（2）：35-40.

要的传导机制。陈俊龙、何瑞宇和刘佳丽（2024）[①]等通过对制造企业研究，发现智能制造能够显著提升制造企业的绿色全要素生产率。

综上所述，对于ESG表现带来的影响，已有学者从不同的角度进行了研究，对于绿色全要素生产率的影响因素，许多学者也从不同的路径进行了分析。但是目前研究ESG表现和绿色全要素生产率的文献却很少。作为与可持续发展理念相契合的新理念，ESG表现良好可能吸引更多的优秀人才，提高创新水平从而提升绿色全要素生产率。同时，ESG表现良好意味着企业在环境、社会和治理方面表现良好，可能通过环境规制、优化人力资本结构等提高企业绿色全要素生产率。因此，本章以46家建筑业上市公司2015—2021年的数据为样本，研究建筑企业ESG表现对绿色全要素生产率的影响，并通过进一步分析探究ESG三个细分维度对绿色全要素生产率的影响有何差异，对于建筑业实现绿色转型升级有重要意义。

8.2.2 研究假设

通过查看已有的文献，企业的ESG表现良好可以改善企业的人力资本结构，从而提高企业的绿色全要素生产率。良好的ESG表现可以树立企业良好的形象（杨晋华、郝晓雁，2023）[②]，帮助企业吸引更多的优秀人才，从而助力企业的研发创新，实现绿色全要素生产率的提升。此外，ESG表现良好的企业，其治理结构也更加完善，企业内部管理加强，在生产过程中，企业会尽量减少原材料和能源的消耗（李甜甜、李金甜，2023）[③]，从而提高资源利用效率。同时，ESG表现良好的企业向外界传递出企业发展良好的信息，帮助企业解决面临的委托代理问题，降

---

① 陈俊龙，何瑞宇，刘佳丽．智能制造对制造企业绿色全要素生产率影响的研究［J］．软科学，2024，38（8）：1-6；13.

② 杨晋华，郝晓雁．企业ESG表现与全要素生产率提升——基于财务柔性与媒体监督的调节作用［J］．会计之友，2023（19）：129-137.

③ 李甜甜，李金甜．绿色治理如何赋能高质量发展：基于ESG履责和全要素生产率关系的解释［J］．会计研究，2023（6）：78-98.

低企业融资成本和生产管理过程中投入的成本，实现企业降本增效，促进企业绿色全要素生产率的提高。据此提出假设8-1：ESG表现良好可以促进绿色全要素生产率提升。

8.3 研究设计

8.3.1 样本选择与数据来源

本章选取2015—2021年建筑业46家上市公司的数据为样本，并对数据进行了以下处理：首先剔除样本区间内带有ST、*ST字样的企业；其次剔除数据缺失比较多的样本企业；最后用Winsorize对数据进行缩尾处理，避免异常值和离群值影响实证结果。经过处理最终得到322个观测值。本章ESG评级数据来源于Wind数据库，其他财务数据均来源于CSMAR数据库。先运用Excel软件对搜集到的数据进行加工和整理，再运用Stata软件对样本数据进行回归分析和检验。

8.3.2 模型设计

根据假设8-1，本章构建基准模型8-1进行实证分析：

$$GTFP_{it} = \alpha_0 + \alpha_1 ESG_{it} + \alpha_2 Control_{it} + \sum Stock + Year + \varepsilon_{it} \tag{8-1}$$

在模型8-1中，i表示个体，t表示年份。$GTFP_{it}$表示企业i在t年的绿色全要素生产率；ESG_{it}表示企业i在t年的ESG评分情况。$Control_{it}$表示控制变量，包括资产负债率（Lev）、成立年限（Age）、资产回报率（ROA）、企业账面市值比（Mbratio）等。Stock和Year分别表示个体固定效应和年份固定效应，ε_{it}为随机扰动项。

8.3.3 变量定义

（1）绿色全要素生产率

本章的被解释变量为绿色全要素生产率。如表8-1所示，绿色全要素生产率以按照工厂价格指数平减后的营业收入作为期望产出，碳排放作为非期望产出，固定资产净值作为资本投入，员工人数作为劳动投入，购买商品、接受劳务支付的现金作为中间投入，采用超效率SBM模型计算得出。

表8-1 绿色全要素生产率测算的指标选取

指标	指标选取	单位
期望产出	平减后的营业收入	元
非期望产出	碳排放	吨
资本投入	固定资产净值	元
劳动投入	员工人数	人
中间投入	购买商品、接受劳务支付的现金	元

资料来源：作者整理。

（2）企业的ESG表现

本章的解释变量是企业的ESG表现。伴随着绿色发展理念的提出，ESG受到广泛的关注，越来越多的学者对ESG进行相关研究。综观已有的文献，大部分学者在研究时采用ESG评级数据来衡量企业的ESG表现。国内外的评级机构虽然有很多，但是它们在评级标准、指标选取以及覆盖范围上都不尽相同。因为华证ESG评级覆盖范围广，涵盖传统行业和新兴行业的企业，采用标准化评分方法，并且不受主观因素的影响，所以本章采用华证ESG评级来衡量企业的ESG表现。华证ESG评级分为AAA、AA、A、BBB、BB、B、CCC、CC、C九个等级，为了方便实证分析，本章借鉴已有学者的研究对九个等级分别进行赋值，从AAA到C依次赋值9到

1，将AAA赋值为9，AA赋值为8，A赋值为7，BBB赋值为6，BB赋值为5，B赋值为4，CCC赋值为3，CC赋值为2，C赋值为1。

（3）控制变量

参考已有研究，本章选取资产负债率（Lev）、企业成立年限（Age）、资产回报率（ROA）、股权集中度（Top10）、企业现金持有量（Cash）和企业账面市值比（Mbratio）6个变量作为控制变量。变量的具体定义如表8-2所示。

表8-2　变量具体定义

变量类型	变量名称	变量符号	变量定义
被解释变量	绿色全要素生产率	GTFP	根据超效率SBM模型计算得出
解释变量	企业的ESG表现	ESG	根据华证ESG评级赋值1~9
控制变量	资产负债率	Lev	期末负债总额/期末资产总额
	企业成立年限	Age	企业成立年限取自然对数
	资产回报率	ROA	企业净利润/企业总资产
	股权集中度	Top10	前十大股东持股比例之和
	企业现金持有量	Cash	（企业货币资金+企业交易性金融资产）/企业总资产
	企业账面市值比	Mbratio	企业股东权益/企业市值

资料来源：作者整理。

8.4　实证结果分析

8.4.1　描述性统计

描述性统计结果如表8-3所示。可以看出，绿色全要素生产率的均值为14.566，标准差为39.701，最小值为0.001，中间值为0.788，最大值为238.218，说明不同企业绿色全要素生产率之间差异较大。ESG表现的均值为4.028，标准差为0.905，最小值为2，中间值为4，最大值为6，说明建筑企业ESG表现差异不大，整体在B级左右，ESG评级普遍不高。资产负债率的标准差为0.149，企业现金持有量和企业账面市值比的标准差分别为0.095和0.104，说明建筑企业的资产负债率、企业现金持有量和企业账面市值比之间差异较小。企业成立年限标准差为0.379，股权集中度标准差为20.671，说明各个企业间前十大股东股份持有量参差不齐。

表8-3 描述性统计

变量	观测值	均值	标准差	最小值	中间值	最大值
GTFP	322	14.566	39.701	0.001	0.788	238.218
ESG	322	4.028	0.905	2.000	4.000	6.000
Lev	322	0.688	0.149	0.192	0.714	0.905
Age	322	2.903	0.379	1.946	2.970	3.526
ROA	322	2.025	3.029	-16.538	2.039	7.333
Top10	322	47.796	20.671	6.208	49.202	94.546
Cash	322	0.172	0.095	0.044	0.144	0.453
Mbratio	322	0.229	0.104	0.065	0.215	0.556

资料来源：作者整理。

8.4.2 相关性分析

相关性分析结果如表8-4所示。从表中可以看出，ESG与绿色全要素生产率的相关系数显著为正，初步说明了ESG表现和绿色全要素生产率之间的关系，即ESG表现可以提高绿色全要素生产率。在控制变量中，资产负债率和股权集中度与绿色全要素生产率的相关系数都显著为正，资产回报率的相关系数显著为负，说明随着资产回报率的增加，绿色全要素生产率反而有所下降。企业成立年限、企业现金持有量和企业账面市值比与绿色全要素生产率之间并没有显著的相关关系。

表8-4 相关性分析

变量	GTFP	ESG	Lev	Age
GTFP	1.000			
ESG	0.111**	1.000		
Lev	0.093*	-0.037	1.000	
Age	-0.023	-0.199***	-0.063	1.000
ROA	-0.160***	0.141**	-0.216***	0.041
Top10	0.160***	0.334***	0.119**	-0.261***
Cash	-0.048	0.291***	-0.224***	0.130**
Mbratio	-0.027	0.132**	-0.753***	0.059
变量	ROA	Top10	Cash	Mbratio
ROA	1.000			
Top10	0.111**	1.000		
Cash	0.315***	0.145***	1.000	
Mbratio	0.154***	-0.032	0.164***	1.000

注：***、**、*分别表示在1%、5%、10%水平上显著。

资料来源：作者整理。

为了排除模型之间存在共线性从而对实证结果产生影响，本章对变量进行了方差膨胀因子检验，结果如表8-5所示。结果显示各变量的VIF值在1.150至2.520之间，均值为1.570，远小于10。因此，可以判断各变量之间不存在明显的多重共线性问题。

表8-5　多重共线性检验

变量	VIF	1/VIF
Lev	2.520	0.397
Mbratio	2.400	0.417
Cash	1.290	0.775
ESG	1.280	0.781
Top10	1.230	0.812
ROA	1.150	0.868
Age	1.150	0.869
均值	1.570	

资料来源：作者整理。

8.4.3　基准回归结果

基准回归结果如表8-6所示。列（1）没有加入控制变量，没有控制年份和个体效应，可以看出ESG的回归系数显著为正，初步说明了建筑企业ESG表现良好可以提高企业绿色全要素生产率。列（2）和列（3）逐步控制了年份和个体效应，加入了控制变量，可以看出，后两列回归结果中ESG的回归系数同样显著为正，显著性并没有明显的变化，进一步说明了ESG表现良好可以促进绿色全要素生产率提升。正如前文所述，ESG表现良好可能吸引更多的优秀人才，提高创新水平从而提升绿色全要素生产率。ESG表现良好意味着企业在公司治理方面表现良好，减少了企业在生产过程中不必要的资源浪费，提高了资源使用效率，从而提高了企业绿色全要素生产率。

表8-6　基准回归结果

	(1)	(2)	(3)
变量	GTFP	GTFP	GTFP
ESG	4.859**	4.251*	5.914**
	(1.9929)	(1.6681)	(2.4175)
Lev			-75.991**
			(-2.1619)
Age			147.855***
			(4.4461)
ROA			-1.026
			(-1.5760)
Cash			-0.366
			(-0.0117)
Mbratio			-16.655
			(-0.4320)
Top10			-0.315**
			(-2.1065)
_cons	-5.004	-28.112*	-434.788***
	(-0.4972)	(-1.8267)	(-3.9156)
Year fe	No	Yes	Yes
Stock fe	No	Yes	Yes
N	322	322	322
r2_a	0.009	0.523	0.572

注：***、**、*分别表示在1%、5%、10%水平上显著。

资料来源：作者整理。

8.4.4 稳健性检验

为了检验实证结果是否具有稳健性，本章采用了替换解释变量和更换模型的方法进行稳健性检验，结果如表8-7所示。列（2）是替换解释变量的结果，参考已有文献的做法，改变ESG的赋分方式来替换解释变量，将原来的9级赋分的方法改为CCC、CC、C赋值为1，BBB、BB、B赋值为2，AAA、AA、A赋值为3的赋分方法，得到替换后的解释变量ESG2。从表中可以看出，改变ESG的赋分方式替换解释变量后，解释变量的系数依然显著为正，与前文的结论相符，说明实证结果具有稳健性。列（3）是更换模型之后的结果，将原来的模型替换为混合OLS模型进行检验，可以看出，更换模型之后，ESG的回归系数仍然显著为正，与之前的结果一致，结果具有稳健性。

表8-7 稳健性检验结果

	(1)	(2)	(3)
	GTFP	GTFP	GTFP
ESG	5.914**		5.386**
	（2.4175）		（1.9873）
Lev	-75.991**	-76.534**	-28.605
	（-2.1619）	（-2.1791）	（-0.5953）
Age	147.855***	148.598***	1.977
	（4.4461）	（4.4711）	（0.3294）
ROA	-1.026	-1.111*	-2.104***
	（-1.5760）	（-1.7051）	（-2.7375）
Cash	-0.366	0.401	-1.678
	（-0.0117）	（0.0129）	（-0.0623）
Mbratio	-16.655	-17.240	-41.292
	（-0.4320）	（-0.4478）	（-0.7114）

续表

	(1)	(2)	(3)
Top10	-0.315**	-0.308**	
	(-2.1065)	(-2.0696)	
ESG2		11.110**	
		(2.5272)	
TobinQ			-15.516
			(-1.3435)
_cons	-434.788***	-432.474***	40.077
	(-3.9156)	(-3.9056)	(0.6378)
Year fe	Yes	Yes	No
Stock fe	Yes	Yes	No
N	322	322	322
r2_a	0.572	0.573	0.034

注：***、**、*分别表示在1%、5%、10%水平上显著。

资料来源：作者整理。

8.4.5 进一步分析

ESG包括环境、社会和公司治理三个方面，为了探究ESG三个维度对绿色全要素生产率的影响有什么不同，本章将模型8-1中的解释变量替换成环境、社会和公司治理三个维度的评分进行回归，回归结果如表8-8所示，列（1）是环境维度的回归结果，列（2）是社会维度的回归结果，列（3）是公司治理维度的回归结果。从表中可以看出，环境和社会维度的回归系数为正，但是并不显著，不能提升企业的绿色全要素生产率，这可能是因为环境和社会方面的治理是一个长期的过程，评级在短时间内不能发生显著的改变。公司治理维度的回归系数显著为正，说明公司治理可以显著地促进绿色全要素生产率的提升。企业可以加强对公司治理维度的关注，建立有效的ESG体系和内部管理机制，提高企业生产效率，促进绿色全要素生产率提升。

表8-8 进一步分析结果

	(1)	(2)	(3)
变量	GTFP	GTFP	GTFP
E	1.925		
	(0.8179)		
S		2.003	
		(0.9281)	
G			3.748**
			(2.2345)
Lev	-74.466**	-71.007**	-76.189**
	(-2.0941)	(-2.0017)	(-2.1635)
Age	140.531***	141.161***	145.107***
	(4.1769)	(4.2064)	(4.3629)
ROA	-0.929	-1.070	-1.283*
	(-1.3963)	(-1.6220)	(-1.9352)
Cash	5.171	6.228	8.745
	(0.1650)	(0.1988)	(0.2811)
Mbratio	-25.309	-20.304	-23.316
	(-0.6431)	(-0.5222)	(-0.6040)
Top10	-0.312**	-0.308**	-0.279*
	(-2.0436)	(-2.0321)	(-1.8698)
_cons	-393.986***	-401.486***	-422.651***
	(-3.5411)	(-3.6135)	(-3.8171)
Year fe	Yes	Yes	Yes
Stock fe	Yes	Yes	Yes
N	322	322	322
r2_a	0.564	0.564	0.571

注：***、**、*分别表示在1%、5%、10%水平上显著。

资料来源：作者整理。

8.5 研究结论与启示

8.5.1 结论

本章基于2015—2021年建筑业46家上市公司数据，采用超效率SBM模型测算绿色全要素生产率，研究建筑企业ESG表现对绿色全要素生产率的影响，并通过进一步分析，探究ESG三个细分维度对绿色全要素生产率的影响有何差异。研究结果表明：建筑企业ESG表现良好可以提高企业绿色全要素生产率，在经过了稳健性检验后这个结论依然成立。进一步研究表明，在ESG的三个细分维度中，公司治理维度对绿色全要素生产率有显著的提升作用，环境和社会维度并不能促进绿色全要素生产率的提升。

8.5.2 启示

本章的研究结果具有以下启示：第一，建筑企业要强化自身ESG建设，践行ESG理念，充分发挥ESG表现对绿色全要素生产率的提升作用。我国的建筑企业评级整体水平不高，集中在B级左右。研究已经表明，ESG表现可以提高企业绿色全要素生产率，因此，建筑企业应该强化自身ESG体系的建设，提高ESG水平，积极地承担应有的责任，根据自身的发展状况制订ESG方案，从而提高企业绿色全要素生产率，助力企业实现绿色发展。第二，企业应该更加注重提高公司治理维度的表现，进一步加强对环境维度的关注。根据研究，公司治理维度更能提高企业绿色全要素生产率，因此，应该建立有效的内部管理机制，提高企业生产效率，健立企业ESG体系，将ESG理念贯穿企业的经营与发展中，积极主动地披露企业的ESG信息，提高企业的ESG表现。同时，企业还应该对环境和社会维度给予关注，树立环保理念，在环境保护、节能减排和污染治理方面加大投入，积极履行社会责任，确保在施工过程中遵守劳动法律法规，保障员工的合法权益，为员工提供安全的工作环境，加强员工培训和教育，提高员工的职业素养和工作技能。

主要参考文献

[1] 段霞，张蔷薇．产业数字化、虚拟集聚与全要素生产率［J］．西北师大学报（社会科学版），2023，60（1）：135-144．

[2] 余妙志，方艺筱．数字化投入与制造业全球价值链攀升——基于49国面板数据的实证分析［J］．工业技术经济，2022，41（10）：24-31．

[3] 王晓红，李娜，陈宇．冗余资源调节、数字化转型与企业高质量发展［J］．山西财经大学学报，2022，44（8）：72-84．

[4] 刘新争．企业数字化转型中的“生产率悖论”——来自制造业上市公司的经验证据［J］．经济学家，2023（11）：37-47．

[5] 宋清华，钟启明，温湖炜．产业数字化与企业全要素生产率——来自中国制造业上市公司的证据［J］．海南大学学报（人文社会科学版），2022，40（4）：74-84．

[6] 郭慧芳，王宏鸣．数字化转型与服务业全要素生产率［J］．现代经济探讨，2022（6）：92-102；113．

[7] 任志成，赵梓衡．数字化转型对制造业全要素生产率提升的影响——来自上市公司的微观证据［J］．工业技术经济，2022，41（11）：23-30．

[8] 袁其刚，嵇泳盛，沈倩芸，等．数字化转型提高了制造业企业全要素生产率吗？——以山东省A股上市公司为例［J］．山东财经大学学报，2022，34（6）：38-51．

[9] 赵宸宇，王文春，李雪松．数字化转型如何影响企业全要素生产率［J］．财贸经济，2021，42（7）：114-129．

[10] 黄大禹，谢获宝，邹梦婷．数字化转型提升了企业的要素配置效率吗？——来自中国上市企业年报文本分析的经验证据［J］．金融与经济，2022（6）：

3-11.

[11] 赵树宽，范雪媛，王泷，等. 企业数字化转型与全要素生产率——基于创新绩效的中介效应 [J]. 科技管理研究，2022，42（17）：130-141.

[12] 花俊国，刘畅，朱迪. 数字化转型、融资约束与企业全要素生产率 [J]. 南方金融，2022（7）：54-65.

[13] 黄星刚，侯宝升，叶似剑，等. 数字化转型与企业全要素生产率关系研究——基于资源配置视角的检验 [J]. 价格理论与实践，2022（11）：107-111.

[14] 郭馨梅，沈冉，徐小茗. 数字化背景下我国零售业上市公司经营效率评价 [J]. 商业经济研究，2020（16）：174-176.

[15] 杨明月，肖宇. 数字化转型对中国教育服务业全要素生产率的影响 [J]. 清华大学教育研究，2023，44（1）：76-89

[16] 涂心语，严晓玲. 数字化转型、知识溢出与企业全要素生产率——来自制造业上市公司的经验证据 [J]. 产业经济研究，2022（2）：43-56.

[17] 唐静，冯思允. 数字化转型对服务业企业全要素生产率影响研究 [J]. 国际商务（对外经济贸易大学学报），2023（3）：121-140.

[18] 余菲菲，王丽婷. 数字技术赋能我国制造企业技术创新路径研究 [J]. 科研管理，2022，43（4）：11-19.

[19] 郭彦彦，吴福象. 专利权行政保护、关键技术创新与企业全要素生产率增长 [J]. 经济经纬，2021，38（5）：101-110.

[20] 吴非，胡慧芷，林慧妍，等. 企业数字化转型与资本市场表现：来自股票流动性的经验证据 [J]. 管理世界，2021，37（7）：130-144.

[21] 李健，张金林，董小凡. 数字经济如何影响企业创新能力：内在机制与经验证据 [J]. 经济管理，2022，44（8）：5-22.

[22] 马晶晶. 数字化转型与企业全要素生产率 [D]. 南京：南京邮电大学，2023.

[23] 苏治，徐淑丹. 中国技术进步与经济增长收敛性测度——基于创新与效率的视角［J］. 中国社会科学，2015（7）：4-25；205.

[24] 唐未兵，傅元海，王展祥. 技术创新、技术引进与经济增长方式转变［J］. 经济研究，2014，49（7）：31-43.

[25] 冉芳，谭怡. 数字金融、创新投入与企业全要素生产率［J］. 统计与决策，2021，37（15）：136-139.

[26] 郭丰，杨上广，金环. 数字经济对企业全要素生产率的影响及其作用机制［J］. 现代财经（天津财经大学学报），2022，42（9）：20-36.

[27] 张旭华，高廷恺. 数字化、人力资本提升与收入不平等——来自亚太地区国家的经验证据［J］. 亚太经济，2022（5）：21-32.

[28] 章立军. 创新环境、创新能力及全要素生产率——基于省际数据的经验证据［J］. 南方经济，2006（11）：43-56.

[29] 巴曙松，吴丽利，熊培瀚. 政府补助、研发投入与企业创新绩效［J］. 统计与决策，2022，38（5）：166-169.

[30] 蒋殿春，潘晓旺. 数字经济发展对企业创新绩效的影响——基于我国上市公司的经验证据［J］. 山西大学学报（哲学社会科学版），2022，45（1）：149-160.

[31] 施炳展，李建桐. 互联网是否促进了分工：来自中国制造业企业的证据［J］. 管理世界，2020，36（4）：130-149.

[32] 陈彦君，郭根龙. 数字化转型、产业链整合与全要素生产率［J］. 海南金融，2024（2）：3-18.

[33] 温忠麟，叶宝娟. 中介效应分析：方法和模型发展［J］. 心理科学进展，2014，22（5）：731-745.

[34] 陈国华，李琛，赵恬婧，等. 数字化转型对企业韧性的影响效应及作用机制［J］. 江苏海洋大学学报（人文社会科学版），2024，22（2）：97-109.

[35] 杨阳，王凤彬，孙春艳. 集团化企业决策权配置研究——基于母子公司治理

距离的视角 [J]. 中国工业经济, 2015 (1): 108-120.

[36] 刘瑞明. 中国的国有企业效率: 一个文献综述 [J]. 世界经济, 2013, 36 (11): 136-160.

[37] 申宏, 闫鑫, 乐菲菲. 建筑业上市公司数字化转型对创新效率的影响研究——基于"数字化悖论"视角 [J]. 山东商业职业技术学院学报, 2023, 23 (6): 1-8.

[38] 钟海燕, 王江寒, 李敏鑫. 环保信用评价提高企业绿色全要素生产率了吗? [J]. 审计与经济研究, 2024, 39 (2): 96-106.

[39] 张静晓, 金伟星, 李慧, 等. 中国建筑业动态绿色全要素生产率测度研究 [J]. 工程管理学报, 2020, 34 (1): 1-6.

[40] 龚新蜀, 杜江. 数字经济、绿色创新与企业绿色全要素生产率 [J]. 统计与决策, 2024, 40 (2): 35-40.

[41] 万攀兵, 杨冕, 陈林. 环境技术标准何以影响中国制造业绿色转型——基于技术改造的视角 [J]. 中国工业经济, 2021 (9): 118-136.

[42] 朱宏涛. 数字技术创新对工业绿色全要素生产率的影响研究 [D]. 石家庄: 河北地质大学, 2022.

[43] 李井林, 阳镇, 陈劲, 等. ESG促进企业绩效的机制研究——基于企业创新的视角 [J]. 科学学与科学技术管理, 2021, 42 (9): 71-89.

[44] 杨建春, 朱桂芳, 王站杰. ESG表现对企业全要素生产率的影响 [J]. 财会月刊, 2023, 44 (19): 31-37.

[45] 杨晋华, 郝晓雁. 企业ESG表现与全要素生产率提升——基于财务柔性与媒体监督的调节作用 [J]. 会计之友, 2023 (19): 129-137.

[46] 李珂睿. 企业ESG表现对全要素生产率的影响 [D]. 沈阳: 辽宁大学, 2023.

[47] 王三兴, 王子明. 企业ESG表现、创新与全要素生产率 [J]. 宏观经济研究, 2023 (11): 62-74.

[48] 陈玲芳. 林业企业ESG表现对全要素生产率的影响研究 [J]. 林业经济问题，2022，42 (5)：532-539.

[49] 焦麟涵.ESG对企业全要素生产率的影响研究 [D]. 郑州：河南财经政法大学，2023.

[50] 符加林，黄晓红. 企业ESG表现如何影响企业全要素生产率? [J]. 经济经纬，2023，40 (3)：108-117.

[51] 束晶晶. ESG表现对企业全要素生产率的影响及其机制研究 [D]. 南昌：江西财经大学，2023.

[52] 宣敏. ESG绩效影响企业全要素生产率吗? [D]. 大连：东北财经大学，2022.

[53] 彭柯. ESG信息披露能提高企业全要素生产率吗? [D]. 武汉：武汉理工大学，2022.

[54] 郭毓东，洪扬. ESG信息披露如何影响企业全要素生产率? ——基于A股上市公司的经验证据 [J]. 武汉金融，2023 (7)：13-22.

[55] 喻骅，葛军，陈良华. 环境不确定性、ESG责任履行与企业全要素生产率 [J]. 科学决策，2023 (10)：71-88.

[56] 李甜甜，李金甜. 绿色治理如何赋能高质量发展：基于ESG履责和全要素生产率关系的解释 [J]. 会计研究，2023 (6)：78-98.

[57] 王波，杨茂佳. ESG表现对企业价值的影响机制研究——来自我国A股上市公司的经验证据 [J]. 软科学，2022，36 (6)：78-84.

[58] 李旭思，芮雪琴. 社会责任履行对煤炭企业全要素生产率影响的实证分析 [J]. 煤炭工程，2021，53 (12)：184-188.

[59] 王琳璘，廉永辉，董捷. ESG表现对企业价值的影响机制研究 [J]. 证券市场导报，2022 (5)：23-34.

[60] 何贤杰，肖土盛，陈信元. 企业社会责任信息披露与公司融资约束 [J]. 财经研究，2012，38 (8)：60-71；83.

[61] 解维敏，唐清泉．公司治理与风险承担——来自中国上市公司的经验证据［J］．财经问题研究，2013（1）：91-97．

[62] 鲁晓东，连玉君．中国工业企业全要素生产率估计：1999—2007［J］．经济学（季刊），2012，11（2）：541-558．

[63] 温忠麟，叶宝娟．中介效应分析：方法和模型发展［J］．心理科学进展，2014，22（5）：731-745．

[64] 林珈乐．广西XJ建筑公司战略转型研究［D］．南宁：广西大学，2023．

[65] 王佳佳．价值链视角下我国上市建筑企业技术创新效率及影响因素研究［D］．北京：北京交通大学，2022．

[66] 李端，郭佳轩，李海英．ESG表现、技术创新与全要素生产率——来自我国医药行业的证据［J］．财会月刊，2023，44（11）：143-150．

[67] 余典范，王佳希．政府补贴对不同生命周期企业创新的影响研究［J］．财经研究，2022，48（1）：19-33．

[68] 丁声怿，白俊红．企业ESG表现与绿色全要素生产率［J］．产业经济评论，2024（3）：135-154．

[69] 孙亚东，张莉．高管海外背景、环保投资与ESG表现——基于建筑工程企业的实证研究［J］．财会通讯，2024（6）：42-47．

[70] 严伟祥，赵誉，孟德锋．ESG评级对上市公司财务绩效影响研究［J］．南京审计大学学报，2023，20（6）：71-80．

[71] 白怡珺，陈刚，朱冀，等．ESG表现对体育企业价值的影响：企业创新能力的中介效应［J］．体育学刊，2024，31（3）：72-78．

[72] 易闻昱，杨倩，张丽琳．ESG表现对企业价值的影响——基于中国沪深A股体育概念上市公司的实证分析［J］．武汉体育学院学报，2023，57（10）：47-54．

[73] 苑泽明，刘甲，张淑溢．高质量发展下企业ESG表现的价值效应及机制研究［J］．会计之友，2023（18）：81-89．

[74] 何振华. 绿色金融、碳排放规制与企业绿色全要素生产率 [J]. 统计与决策，2024，40 (5)：155-159.

[75] 龚新蜀，杜江. 数字经济、绿色创新与企业绿色全要素生产率 [J]. 统计与决策，2024，40 (2)：35-40.

[76] 陈俊龙，何瑞宇，刘佳丽. 智能制造对制造企业绿色全要素生产率影响的研究 [J]. 软科学，2024，38 (8)：1-6；13.

[77] 王园昊. 双碳视角下黄河流域物流业效率提升路径研究 [D]. 太原：中北大学，2023.

[78] 王向雨. 长三角绿色全要素生产率提升路径研究 [D]. 杭州：杭州电子科技大学，2023.

[79] 杜运周，刘秋辰，陈凯薇，等. 营商环境生态、全要素生产率与城市高质量发展的多元模式——基于复杂系统观的组态分析 [J]. 管理世界，2022，38 (9)：127-145.

[80] 盛明泉，李志杰，吕紫薇. 是什么影响了地区全要素生产率？——基于QCA的组态分析 [J]. 天津商业大学学报，2022，42 (4)：24-29.

[81] 张芝粤. “一带一路” 沿线省域交通运输业绿色全要素生产率测算及其影响因素研究 [D]. 西安：长安大学，2022.

[82] 曹允春，李彤，林浩楠. 我国区域物流业高质量发展实现路径——基于中国31个省市区的实证分析 [J]. 商业研究，2020 (12)：66-74.

[83] 郭海红. 中国农业绿色全要素生产率时空分异与增长路径研究 [D]. 青岛：中国石油大学（华东），2019.

[84] 曲小瑜，赵子煊. 中国工业绿色全要素生产率特征要素及多元提升路径研究——基于fsQCA方法 [J]. 运筹与管理，2022，31 (6)：154-160.

[85] 许菱，张红，李彦辰，等. 纺织服装产业高端化升级路径研究——基于TOE框架的fsQCA分析 [J]. 丝绸，2023，60 (6)：65-73.

[86] 李晓娣，饶美仙. 区域数字创新生态系统发展路径研究——基于fsQCA的组

态分析 [J]. 管理工程学报，2023，37 (6)：20-31.
[87] 苏福，毛润霖，侯雨花，等. 基于fsQCA的电商平台用户信息规避意愿影响因素研究 [J]. 数字图书馆论坛，2023，19 (7)：30-39.
[88] 王勇. 商业模式创新的路径研究——基于16个案例的定性比较分析 (QCA) [J]. 江苏商论，2023 (7)：85-88.
[89] 张烨环. 老字号餐饮企业包容型领导对员工工作绩效的影响机制研究 [D]. 沈阳：沈阳师范大学，2023.
[90] 胡丽丽. 何种乡村原住民民宿创业更具高绩效? [D]. 杭州：浙江工商大学，2023.
[91] 张尧. 基于QCA方法的XB餐饮企业基层员工离职倾向影响因素研究 [D]. 石家庄：河北地质大学，2022.
[92] 李玥. 乡村振兴背景下农村电子商务发展的影响因素——基于fsQCA方法 [J]. 广东蚕业，2022，56 (12)：104-106.
[93] 刘善球，李玥. 基于QCA的企业成本粘性影响因素研究——以电商上市企业为例 [J]. 常州工学院学报，2022，35 (5)：71-79.
[94] 曹鹏鹏. 高技术服务业创新绩效提升路径研究 [D]. 株洲：湖南工业大学，2021.
[95] 刘畅，吕荣杰. 劳动力技能结构优化组态路径研究——基于QCA方法的分析 [J]. 经济与管理，2021，35 (3)：74-79.
[96] 杨源源，于津平，杨栋旭. 融资约束阻碍战略性新兴产业高端化了吗? [J]. 经济评论，2018 (5)：60-74.
[97] 文灿. 科技赋能装配式匠心独造金螳螂 [J]. 英才，2021 (Z1)：86-87.
[98] 金琳. 浦东建设：科技赋能主业推动高质量发展 [J]. 上海国资，2024，(4)：29-31.
[99] 杜清玉. 穿越高寒冻土挡不住的高铁建设速度 [N]. 黑龙江日报，2024-05-13 (2).

[100] 孙瑞，王静，王依凌．一家企业，两座城市——上海建工助力中特两国跨文化交流结硕果［J］．国际工程与劳务，2024（4）：62-65.

[101] 白雪．价值链重构视角下企业并购-分拆的价值创造路径研究［D］．呼和浩特：内蒙古财经大学，2022.

[102] 薛钢，张道远，王薇．研发加计税收优惠对企业全要素生产率的激励效应［J］．云南财经大学学报，2019，35（8）：102-112.

[103] 王少华，王敢娟，董敏凯．供应链网络位置、数字化转型与企业全要素生产率［J］．上海财经大学学报，2024，26（3）：3-17.

[104] 中国建筑节能协会，重庆大学城乡建设与发展研究院．中国建筑能耗与碳排放研究报告（2023年）［EB/OL］．（2024-08-08）［2024-11-26］．https：//max.book118.com/html/2024/0807/5342133131011304.shtm.

[105] OLINER S D，SICHEL D E，STIROH K J.Explaining a productive decade［J］．Journal of Policy Modeling，2008，30（4）：633-673.

[106] BANALIEVA E R，DHANARAJ C. Internalization theory for the digital economy［J］．Journal of International Business Studies，2019，50（8）．1372-1387.

[107] AGARWAL R，GAO G D，DESROCHES C，et al.Research commentary-the digital transformation of healthcare：current status and the road ahead［J］．Information Systems Research，2010，21（4）：796-809.

[108] BOYLE E J，HIGGINS M，RHEE G S.Stock market reaction to ethical initiatives of defense contractors：theory and evidence［J］．Critical Perspectives on Accounting，1997，8（6）：541-561.

[109] UN Environment Programme and the Global Alliance for Buildings and Construction. Global status report for buildings and construction（2024）［R］．Nairobi：the Environment Fund，2024.

索引